Désintoxiquez votre organisme naturellement

Données de catalogage avant publication (Canada)
Hart, Alicia

Désintoxiquez votre organisme naturellement
(Collection Santé naturelle)
ISBN 2-7640-0382-X

1. Détoxication (Santé). 2. Esprit et corps. I. Titre. II. Collection: Collection Santé naturelle (Outremont, Québec).

RA784.5.H37 2000 613 C00-940497-X

LES ÉDITIONS QUEBECOR
7, chemin Bates
Outremont (Québec)
H2V 1A6
Tél.: (514) 270-1746

Bibliothèque nationale du Québec
Bibliothèque nationale du Canada
ISBN: 2-7640-0382-X

Éditeur: Jacques Simard
Coordonnatrice de la production: Dianne Rioux
Conception de la page couverture: Bernard Langlois
Révision: Sylvie Massariol
Correction d'épreuves: Jocelyne Cormier
Infographie: Jean-François Ouimet, JFO Design

Nous reconnaissons l'aide financière du gouvernement du Canada par l'entremise du Programme d'Aide au Développement de l'Industrie de l'Édition pour nos activités d'édition.

Désintoxiquez votre organisme naturellement

Alicia Hart

LES ÉDITIONS
Quebecor

Introduction

ÉCOUTER ET COMPRENDRE SON CORPS

Nous avons la chance de vivre à une époque où la durée de vie à laquelle il nous est permis d'aspirer ne fait qu'augmenter. Soulignons néanmoins que, depuis la nuit des temps, l'espérance de vie des hommes a toujours augmenté d'un siècle à l'autre. Aujourd'hui, nous atteignons bien évidemment des sommets inégalés: les données scientifiques nous enseignent que les hommes peuvent vivre en moyenne jusqu'à 75 ans et les femmes, jusqu'à 82. Ce n'est certes pas le cas dans tous les continents, mais nous avons la chance de vivre dans un de ces pays choyés où c'est désormais possible. Et ce n'est pas tout!

Les études les plus récentes laissent entrevoir la possibilité que cette moyenne puisse augmenter encore et encore. Devenir centenaire pourrait éventuellement être l'apanage de la majorité. D'ailleurs, nous le constatons par nous-mêmes chaque jour dans les médias et même dans nos familles, nos aînés atteignent de plus en plus des âges tout à fait extraordinaires.

Bien sûr, la médecine nous sauve de maladies qui, autrefois, étaient mortelles. Il n'y a pas si longtemps, une simple infection pouvait rapidement entraîner la mort. De nos jours, une dose d'antibiotiques et nous revoilà sur pied au bout de quelques jours. Si tous ces gens aux prises avec une maladie du cœur n'avaient pas leur médication sous la main, combien d'entre eux passeraient le cap de la cinquantaine? Si tous ces gens ayant à vivre avec un cancer ne pouvaient compter sur les miracles de la radiothérapie ou de la chimiothérapie, inutile de dire que la mortalité entraînée par cette terrible maladie serait encore bien plus sinistre. D'ailleurs, des pas de géant ont été faits dans ce domaine depuis une quinzaine d'années, de sorte qu'aujourd'hui, «cancer» ne signifie plus nécessairement mort à brève échéance.

Mais ce ne sont là que quelques exemples parmi des centaines, voire des milliers, qui prouvent à quel point nous devons en bonne partie notre longévité à la médecine.

Une multitude d'autres facteurs ont participé à l'augmentation de notre espérance de vie. Nous avons, entre autres, substantiellement amélioré nos conditions de vie au fil du temps. L'existence que nous menons est, pour la grande majorité d'entre nous, beaucoup moins dure que celle de nos ancêtres. Dans notre pays, on ne meurt plus que très rarement de faim et de froid. Si nous avons à courir dans les bois pour chercher à attraper une bête, c'est simplement par plaisir et... par nostalgie que nous le faisons; nos réfrigérateurs débordent de denrées fraîches sans que nous ayons à passer notre vie aux champs, aux lacs ou ailleurs. Quelques-uns le font pour nous et heureusement; il en faudra toujours.

Pendant ce temps, nous, si nous le voulons, pouvons aller travailler sans presque jamais sentir le froid de l'hiver nous geler jusqu'aux entrailles. Nous prenons nos voitures ou les transports en commun, nous glissons en ville entre deux passages souterrains pour atteindre notre bureau bien chauffé, ou climatisé à souhait durant la saison chaude. La vie est nettement plus facile aujourd'hui qu'hier. Voilà pourquoi, aussi, nos corps sont maintenant en mesure de *durer* plus longtemps.

LE SAVOIR ET LA PRATIQUE

Par ailleurs, nous sommes de plus en plus informés sur ce qui est bon pour nous autant que sur ce qui l'est moins. Ce que la médecine et d'autres secteurs connexes apprennent au sujet du corps et de la santé, nous y avons accès quotidiennement. Mais savoir ce qui est bon pour nous n'est pas suffisant; il faut suivre les indications qui nous parviennent ainsi pour augmenter notre espérance de vie individuelle. Nous savons tous que le fait de fumer ou de boire de l'alcool de façon excessive, par exemple, risque de raccourcir notre espérance de vie, mais cela n'empêche pas certains d'entre nous d'abuser de ces substances.

À moins de vivre une véritable vie de moine, il est difficile de mettre en pratique tous les conseils nécessaires pour être en santé et prolonger notre vie. Il nous faut vaquer à nos occupations, vivre le stress, courir après le temps, et puis, il faut bien s'amuser! Et souvent, notre manière de nous amuser n'est pas ce qu'il y a de mieux pour nous. Aussi, à défaut de réussir à faire tout ce que nous voudrions pour nous maintenir en santé, pouvons-nous au moins nous «rattraper» de temps en temps en permettant à notre corps de prendre un répit, de faire le ménage.

Bref, nous pouvons désintoxiquer notre corps.

D'HIER À AUJOURD'HUI

Notre vie moderne présente bien des avantages lorsqu'on la compare à la vie d'autrefois, sur le plan de la santé comme ailleurs. En contrepartie, cette vie moderne comporte aussi des désavantages. Elle nous expose notamment à quantité de polluants, de produits chimiques, etc. La nourriture que nous ingurgitons est constituée de mille et un additifs, colorants et autres substances dont notre organisme ne raffole pas. Nous passons nos vies devant des machines dégageant des ondes qui ont un impact certain sur notre organisme. La qualité de l'air que nous respirons laisse souvent à désirer et l'eau que nous buvons est chlorée, fluorée à outrance.

Si nous voulons améliorer nos chances de vivre longtemps et en santé, nous avons tout intérêt à offrir à notre corps une désintoxication périodique. Il nous le rendra bien... La maladie n'est souvent qu'une façon qu'a notre organisme de se libérer de ces envahisseurs que sont les toxines. Pour donner à notre corps toutes les chances de fonctionner de manière optimale, il faut donc voir à évacuer les déchets qui se sont accumulés aussi bien dans notre sang que dans nos organes.

Certes, dans une certaine mesure, notre organisme est en mesure de voir à ce ménage de façon autonome: le foie, les reins, les poumons et la peau sont là pour ça. Mais en raison de nos mauvaises habitudes de vie et de l'environnement dans lequel nous vivons, nous avons plus que jamais intérêt à donner à notre organisme un bon coup de pouce pour qu'il parvienne à mieux nous purifier.

Il y a bien des façons d'aider notre corps à se désintoxiquer. Certaines sont plus draconiennes et prennent l'allure de véritables cures. D'autres, plus douces, peuvent entrer dans notre hygiène de vie quotidienne. La désintoxication peut passer par une alimentation plus saine, cela va de soi, ou carrément par le jeûne. Elle peut aussi passer par l'exercice physique et par la méditation, par l'utilisation d'herbes, de tisanes et par de simples bains. Selon les efforts que nous nous sentons prêts à faire, selon le degré d'intoxication de notre corps, plusieurs options s'offrent à nous. Mais il faut se garder de n'accorder toute la place qu'au corps et se rappeler que nous avons aussi une âme, un esprit à soigner.

Le corps et l'esprit sont très étroitement liés et s'influencent donc l'un l'autre dans une très large mesure. Aussi, la santé globale ne peut faire autrement que de passer par un équilibre harmonieux entre toutes les sphères de notre être. Les tensions, le stress, l'anxiété, les émotions négatives ont un impact aussi négatif sur notre santé que peuvent l'avoir le mauvais gras ou la fumée de cigarette. Quoiqu'elles soient ressenties au niveau de l'esprit et du cœur, elles ont des effets physiques indéniables. Ainsi, la désintoxication doit aussi porter une attention spéciale à notre réalité intérieure profonde.

En réduisant la présence de substances indésirables dans l'organisme, la désintoxication peut aider à réduire les risques d'apparition de plusieurs maladies cardiovasculaires et rénales, notamment. Elle peut par ailleurs prévenir et traiter nombre de maladies de la peau. Ces bienfaits sur la santé ne sont pas à dédaigner, que l'on cherche à la conserver ou à la recouvrer.

Chapitre 1

CES DÉCHETS QUI NOUS HABITENT...

Quelles sont donc ces substances indésirables dont nous devons chercher à nous défaire? D'abord, elles sont regroupées en deux *clans* bien distincts, mais tout aussi dommageables: les toxines et les substances toxiques.

Parlons d'abord des fameuses toxines. Celles-là sont carrément produites naturellement par l'organisme, qui s'organise ensuite pour les expédier hors du corps par la voie des reins, des poumons, du foie et de la peau. Ces véritables usines s'activent quotidiennement à faire le ménage dans les tissus usés qui forment une partie des toxines qui nous habitent. Puis, elles s'attardent longuement à faire de l'ordre du côté des substances alimentaires qui ont connu des altérations considérables durant leur voyage dans le corps, jusqu'à se transformer en différents acides.

Bien sûr, l'organisme absorbe sans mal ces toxines, pour autant que nos abus en tout genre ne dépassent pas les bornes. C'est lorsque les toxines prennent trop de place dans l'organisme que le corps commence à lancer des cris d'alarme. Bref, vous l'aurez déjà compris, l'alimentation joue un rôle primordial dans la gestion des toxines. Le fait de «bien» manger ou de «mal» s'alimenter pèse déjà lourd dans la balance, mais la quantité de ce que nous mangeons est aussi une notion fort importante en matière d'intoxication. Trop manger peut, bien entendu, entraîner une accumulation de graisses, qui cache presque inévitablement une accumulation tout aussi importante de toxines.

Mais, attention! ce n'est pas parce que vous êtes mince que vous êtes à l'abri des toxines! Vous pouvez très bien avoir un poids santé malgré votre apport beaucoup trop élevé en protéines, par exemple, qui n'ont pourtant d'autre choix que de se transformer en toxines. Chaque fois que vous choisissez des aliments industrialisés, vous ouvrez aussi toute grande la porte aux toxines parce que votre métabolisme n'est pas conçu pour recevoir ces intrus.

Ce qui nous amène directement à parler de la deuxième grande famille de déchets qui font dérailler notre système lorsqu'ils se présentent en excès: les substances toxiques. Celles-là ne sont pas, contrairement aux premières, produites par le corps. Ce dernier n'en a d'ailleurs nullement besoin; en fait, elles peuvent même le faire souffrir atrocement.

Les substances toxiques dont nous parlons ici sont ni plus ni moins de véritables poisons utilisés à large échelle par les industries de tout acabit. Ce sont ces polluants qui affectent la qualité de notre air, de notre eau, de notre environnement. Ils sont aussi présents dans les sols que dans les champs qui cultivent les fruits et légumes que nous mangeons. Certains agents de conservation que l'on inclut dans les aliments sont aussi hautement toxiques. Ils se retrouvent pourtant, en bout de ligne, dans notre assiette, puis dans notre corps. Les hormones et les médicaments que prennent les animaux que nous mangeons finissent aussi par se retrouver en nous et par nous intoxiquer au même titre que les médicaments que nous prenons nous-mêmes. Ainsi, quotidiennement, et souvent à notre insu, ces poisons pénètrent notre organisme et l'irritent. Ils peuvent s'immiscer en nous par la nourriture et par l'air.

Mais il ne faut pas négliger non plus toutes les substances auxquelles nous nous exposons lorsque nous faisons appel à différents produits cosmétiques ou d'entretien ménager. Prise individuellement, chacune des substances toxiques auxquelles nous sommes soumis ne constitue pas toujours un danger réel. Cependant, il est de plus en plus reconnu que leur combinaison représente un risque significatif sur le plan de la santé.

Je l'ai déjà mentionné, si la quantité de toxines qui nous habitent est raisonnable, le corps réussira à les expulser. Les problèmes commencent donc lorsque les toxines s'y trouvent en trop grand nombre. Si, du reste, les systèmes d'épuration que sont le foie, les reins, les intestins, etc., ne fonctionnent pas à pleine capacité, les risques de voir des problèmes de santé apparaître grimpent en flèche. Lorsque nous laissons les déchets s'accumuler ainsi en nous, nous soumettons notre organisme à un encrassement.

Le sang écope d'abord et réagit en s'épaississant; la circulation se fait plus difficilement. Bientôt, l'oxygène nécessaire au bon fonctionnement de nos cellules et organes divers n'est plus suffisant. Dès lors, peuvent apparaître des problèmes au niveau des articulations, des scléroses peuvent être déclenchées, etc. Ainsi, le rôle que tiennent les déchets qui nous habitent dans le développement de la maladie n'est pas à dédaigner. Que ces déchets soient le fruit de transformations ayant lieu au sein même du corps ou qu'ils proviennent de l'environnement extérieur, le résultat est le même: ils agressent notre organisme, le ralentissent, le perturbent, le rendent malade.

Ces maladies peuvent prendre différentes formes et s'attaquer à diverses parties du corps. Ainsi, notre premier réflexe à l'apparition de symptômes, quels qu'ils soient, devrait être de nous interroger sur notre hygiène de vie: que mangeons-nous?

comment mangeons-nous? dormons-nous suffisamment? etc. Nous pourrions trouver là bien des réponses à plusieurs de nos maux. Rien n'arrive pour rien. Lorsque les symptômes apparaissent, c'est que nous leur avons bien préparé le terrain. Au bout du compte, il ne nous faut pas seulement traiter le symptôme, contrairement à ce que nous sommes habitués de faire, mais plutôt voir aux manquements ou aux excès qui auraient pu nous entraîner dans notre condition actuelle.

LES GRANDES FAMILLES DE DÉCHETS

Tous les déchets qui nous habitent et que notre corps cherche par tous les moyens à expulser appartiennent à ces grandes familles que la naturopathie a appelés «colles» et «cristaux». Les «colles» sont à l'origine de nombreuses maladies des voies respiratoires comme l'asthme et les bronchites. Elles sont aussi en cause dans les cas d'acné et d'eczéma coulant. Mais pourquoi produisons-nous de telles colles? La réponse est simple: notre alimentation est souvent beaucoup trop riche en lipides et en glucides.

Les glucides contenus dans les pâtes, le pain et les céréales que nous mangeons participent pour beaucoup à l'élaboration de ces colles autant que les lipides des corps gras que nous utilisons pour cuisiner. Résultat: nous produisons davantage de mucus, de crachats, de pertes blanches chez les femmes, etc. Donc, la solution est simple: pour éviter de développer des maladies créées par l'abondance de colles dans l'organisme, il nous faut revoir notre alimentation en réduisant notre apport en glucides et en lipides. En plus d'inscrire cette première étape à nos habitudes de vie, on peut donner un second coup de pouce à l'organisme en le soumettant à un bon drainage; cela lui permettra d'éliminer les colles qui l'incombent.

Les déchets de type cristaux, quant à eux, sont mis en cause dans des maladies comme l'eczéma non coulant, les calculs, les rhumatismes et les névrites. Ce sont les protéines que nous ingurgitons qui sont à l'origine de la production des cristaux par l'organisme. Aussi, nous devons faire attention à ne pas trop consommer de produits laitiers, de poisson, de viande, d'œufs, de céréales et de légumineuses. Il ne s'agit pas de mettre un terme à notre consommation de protéines; les aliments qui en contiennent sont nécessaires à un bon fonctionnement de l'organisme. Comme en toute chose, c'est l'excès qui entraîne les problèmes sur son sillage. Préférons donc l'équilibre.

De plus, comme les cristaux cherchent à s'échapper de l'organisme en prenant la voie des reins et des glandes sudoripares, il faut, pour les y aider, penser à un drainage de ces émonctoires. Une autre façon d'échapper à l'envahissement des cristaux est de boire beaucoup d'eau. Ce simple geste facilite leur élimination puisque, contrairement aux colles, les cristaux se dissolvent dans l'eau.

PAR OÙ PASSENT LES DÉCHETS

Qu'il soit question de colles ou de cristaux, les déchets ne suivent pas tous le même *parcours*.

Les cristaux, comme je le mentionnais préalablement, privilégient surtout les reins, la vessie et les glandes sudoripares pour leur évacuation. Lorsque ceux-ci ne suffisent plus à la tâche, les cristaux prennent le chemin des muqueuses, des voies respiratoires, de l'utérus ou de l'estomac. Les colles, elles, cherchent à s'extraire du corps par la voie du foie, de la vésicule biliaire, des intestins et des glandes sébacées. Si cela ne suffit pas, dans un second temps, elles se dirigeront vers les voies respiratoires ou les muqueuses de l'utérus.

Lorsque les déchets prennent la voie principale et habituelle, ils le font de manière plus efficace et de façon plus abondante que s'ils optent pour la «voie de desserte» et les sorties de secours. Ceci étant dit, même si les émonctoires principaux sont à privilégier, il n'en demeure pas moins que les secondaires peuvent leur donner un sérieux coup de main en période d'engorgement.

Lorsque nous voulons faire entrer en scène un émonctoire secondaire pour le laisser venir en aide aux principaux, nous devons à tout prix respecter un principe: si ce sont de déchets de type colles que nous souhaitons nous débarrasser, nous devons utiliser les émonctoires habilités à évacuer les colles; si nous désirons éliminer des cristaux, nous devons faire intervenir les émonctoires habilités à évacuer ces résidus.

Une telle dérivation des déchets peut être pratiquée notamment durant un désincrustage (auquel le chapitre 3 est consacré entièrement) faisant apparaître des manifestations physiques que l'on souhaite contrôler ou voir se résorber.

CIRCULANTS OU NON CIRCULANTS

Les déchets qui encombrent l'organisme peuvent aussi être circulants ou non circulants. Les déchets circulants peuvent être expulsés plus facilement que les autres parce qu'ils habitent les émonctoires et sont, de ce fait, sur la bonne voie pour être éliminés. Il peut s'agir de substances fécales, d'urine, de sébum; il peut aussi s'agir de substances «lambineuses» qui s'attardent dans les émonctoires, par exemple de la bile ou des sels. Les déchets qui gisent dans le sang ou les vaisseaux sont aussi de type «circulants». Tous ces résidus ont comme caractéristique commune d'habiter des zones de l'organisme où la circulation se fait avec rapidité. Voilà donc d'où ils tirent leur nom.

Les déchets non circulants, eux, se nomment ainsi parce qu'ils habitent des zones où cette circulation se fait nettement plus lentement. Ils peuvent être présents dans le réseau lymphatique, notamment. Situés loin des émonctoires, ils ont beaucoup plus de mal que les autres à trouver une porte de sortie. Ce qui rend leur élimination encore plus ardue, c'est qu'ils habitent au niveau des cellules.

Pour améliorer nos chances de nous départir de ces résidus non circulants, il faut d'abord travailler du côté des déchets circulants. En éliminant ces derniers, nous nous trouvons à créer un espace qui permettra aux non-circulants de circuler à leur tour. Mais, plus souvent qu'autrement, ce procédé ne suffit pas, et c'est ici qu'entre en action le désincrustage.

LE CORPS, CE PURIFICATEUR INTÉGRÉ

Le corps, heureusement, est une machine extraordinaire. Il est hautement équipé pour faire face à bien des désagréments que nous lui faisons subir. Il sait ce qui est bon pour lui et ce qui ne l'est pas. Aussi, il repère aisément ce dont il a besoin et rejette le reste. La simple et fort désagréable gastroentérite est un exemple qui illustre merveilleusement bien avec quelle force et quel dynamisme l'organisme est capable de se débarrasser de corps étrangers. La toux et les éternuements sont d'autres moyens utilisés par le corps pour supprimer un élément perturbateur. Et il poursuit son combat quotidien à l'aide des urines, des selles, de la transpiration et par toutes sortes de formes de sécrétion. Il utilise aussi la peau pour exprimer son mécontentement, en y faisant apparaître boutons, plaques eczémateuses, etc. Même la salive et les excrétions vaginales peuvent servir à éliminer des détritus dont le corps n'a rien à faire.

Lorsque ces voies naturelles de purification ne suffisent pas, le corps en invente de nouvelles, qui peuvent prendre la forme d'ulcères, d'hémorroïdes ou de quantité d'autres malaises ou maladies. N'ayant pas trouvé assez de moyens de se libérer des déchets qui l'habitent, l'organisme n'a d'autre choix que de faire intervenir la maladie. Ces dernières sont donc des messages très importants envoyés par notre corps, des indicateurs puissants dans lesquels il nous faut apprendre à lire.

Le message, simple, clair et précis que le corps cherche à nous faire comprendre, le voici: je cherche à éliminer! Vous aurez beau faire taire les symptômes qui vous assaillent à coup de médicaments, tant que la cause réelle du mal ne sera pas reconnue comme telle, vos maux reviendront et reviendront encore. Laissons les symptômes s'exprimer; ils ne sont pas là pour rien et permettent au contraire au corps de se purifier. Dans le cas d'un rhume bénin, par exemple, notre réflexe est souvent d'avoir recours à toutes sortes de produits qui servent à éviter que le nez coule. Ce faisant, nous empêchons le corps de se débarrasser de ce contre quoi il combat pourtant. Il n'est pas rare alors de voir notre petit rhume se transformer en quelque chose d'autre, en sinusite, par exemple, ou en bronchite.

Par ailleurs, lorsque les symptômes apparents finissent par nous quitter, nous devrions apprendre à nous interroger sur ce qui s'est passé. Sûrement avons-nous alors un bon ménage à faire dans notre organisme si nous ne voulons pas les voir réapparaître sous la même forme ou sous une autre.

Ceci étant dit, il y a des situations qui peuvent exiger l'utilisation d'une médication toxique. Dans le cas de cancers, par exemple, la chimiothérapie fait depuis des années des miracles qu'on ne peut balayer du revers de la main. Elle sauve sans aucun doute des milliers de vies. Cependant, il se peut fort bien que les gens qui s'en sont sortis sont aussi ceux qui, après le traitement, à court, à moyen et à long termes, ont offert à leur organisme une hygiène de vie favorisant la purification de ce dernier. Ceux qui n'ont rien changé à leurs habitudes ont probablement repiqué du nez une fois pour toutes après avoir semblé remonter la côte.

Pour guérir véritablement, il faut se purifier. Les enseignements des peuples anciens sont là depuis des lustres pour nous le rappeler; ailleurs dans le monde, on y croit encore très fermement. La pratique du jeûne, encore très répandue dans certaines parties du globe, est une des avenues qui conduit à la purification, comme le sont aussi les saunas, les bains de vapeur, etc. Nombre d'animaux nous montrent également la voie à suivre en choisissant des plantes et des herbes aux vertus dépuratives pour se soigner. La nature nous offre plusieurs options pour aider le corps à se départir des déchets qui l'encombrent et dont il ne parvient pas toujours, seul, à se défaire. Nous étudierons quelques-unes de ces options au cours de ce livre.

Chapitre 2

LE DRAINAGE

C'est sans doute par le drainage que nous pouvons le mieux aider le corps à se départir des toxines qui l'habitent, car il favorise le travail des émonctoires, c'est-à-dire des reins, des poumons, du nez, des intestins, de la peau, etc. Les draineurs, quels qu'ils soient, stimulent ces émonctoires: ils les invitent à éliminer mieux et davantage. Ils leur permettent aussi de se nettoyer eux-mêmes avant de procéder au grand nettoyage de tout l'organisme, qui passera par le sang, les tissus, etc.

Lorsqu'on se prête à un drainage, il faut s'attendre à pouvoir constater rapidement et *de visu* un effet véritable. Par exemple, on pourra noter des selles plus abondantes et plus régulières ainsi que des urines plus fréquentes et plus foncées. Certains pourront remarquer une sudation plus importante qu'à l'accoutumée et peut-être plus forte. Ces constatations doivent être perçues positivement; le processus est en branle, les déchets se retirent du corps. Rapidement, on peut noter une amélioration marquée de l'état général.

Tout est cependant relatif à l'état dans lequel nous nous trouvions avant le drainage. N'espérez pas, par exemple, éliminer une cirrhose du foie par un drainage de quelques jours! Cependant, si vous avez des problèmes de foie, vous pouvez très certainement l'aider à retrouver la forme avant que la maladie s'installe à demeure.

INTENSITÉ ET DURÉE DU DRAINAGE

Si vous souhaitez obtenir des résultats probants à la suite d'un drainage, vous devez accorder une attention particulière à ces deux facteurs.

Si l'utilisation que vous faites des draineurs (plantes médicinales, aliments désintoxiquants ou autres éléments) est trop timide, ceux-ci risquent d'avoir peu d'impact, voire aucun. Vous ne verrez pas de différence sur le plan de l'élimination et votre corps n'aura pas bénéficié des avantages qu'aurait pu lui procurer un drainage bien dosé. D'un autre côté, si le drainage est trop intense, votre organisme pourrait le vivre difficilement et vous laisser tout à fait exténué.

Personne ne peut connaître le dosage qui lui convient avant d'avoir entamé un drainage. La meilleure manière d'atteindre ce dosage idéal est d'y aller graduellement, en commençant par de petites doses, que l'on augmentera doucement en laissant le temps à notre organisme de nous dire ce qu'il ressent. Le temps joue donc un rôle important dans le processus de drainage. Ne vous attendez pas à vous libérer de toutes vos toxines en quelques jours. Le processus est long; vous devez être prêt à y consacrer le temps qu'il faut, soit de quelques semaines à quelques mois. S'il en est ainsi, c'est que nous ne pouvons pas nettoyer tout notre corps en même temps. En tout cas, pas la première fois. Il faut choisir de s'attaquer d'abord à un émonctoire, qui se chargera d'une partie du boulot. Ensuite, nous pouvons nous tourner vers un autre, qui prendra la relève, puis vers un autre encore.

Le drainage est un processus progressif qui peut aussi être récurrent, c'est-à-dire qu'on peut y avoir recours, lorsque le besoin s'en fait sentir, à quelques reprises durant l'année. Lorsque nous connaissons bien la réponse de notre organisme à ce type de traitement, nous pouvons passer aux drainages multiples, c'est-à-dire à ceux qui font appel à plus d'un émonctoire à la fois.

Ainsi, au début, une cure pourra s'adresser particulièrement au foie et aux intestins d'abord, puis une autre aux reins et à la peau. Les cures reliées de plus près aux poumons devraient être les dernières à être insérées dans nos pratiques de drainage. Après une telle approche progressive et sécuritaire, il n'y aura bientôt plus de raison pour ne pas s'attarder à tous les émonctoires à la fois.

DRAINER L'INTESTIN

Avant de parler de drainage proprement dit, voyons d'abord l'élimination. Car avant d'avoir recours à des procédés draconiens, nous pouvons simplement aider la nature à jouer efficacement son rôle. Et, naturellement, elle a prévu des moyens efficaces nous permettant de nous libérer d'une bonne partie des toxines qui nous habitent.

Parmi ces moyens, elle a mis à notre disposition la défécation. La régularité à ce chapitre est un facteur à ne pas négliger en matière de santé. Avant même de penser à un drainage intensif, voyez d'abord à vous assurer de pouvoir compter sur cette régularité en tout temps. Sachez que si vous n'allez pas à la selle de façon régulière, vous augmentez vos risques d'être en contact avec des toxines nuisibles. Déjà en adoptant une saine alimentation (notamment riche en fibres) et en évitant la sédentarité, vous favoriserez cette régularité si importante. Vous la favoriserez aussi en écoutant votre corps et en allant à la selle lorsque ce dernier le demande, plutôt que d'attendre un meilleur moment ou un endroit plus propice. Se retenir ainsi est une mauvaise habitude qui peut favoriser la constipation. Boire de l'eau en quantité suffisante est une autre façon simple et efficace de régulariser le transit intestinal.

En suivant ces règles de base, vous devriez normalement aller à la selle au moins une fois par jour, peut-être deux. À cette fréquence, vous êtes en droit de penser que vous avez un fonctionnement intestinal normal. Si toutefois votre fréquence habituelle est plutôt d'une selle aux deux ou trois jours, dites-vous bien que ce n'est pas suffisant et qu'il y a certainement quelque chose qui cloche, quelque chose que vous devez corriger. D'un autre côté, aller à la selle trois ou quatre fois par jour n'est pas mieux. Ce faisant, vous éliminez trop vite, sans permettre à votre organisme de tirer tout ce dont il a besoin des substances nutritives que vous lui offrez.

De différentes manières, il est possible de déceler les anomalies de notre fonctionnement intestinal. L'apparence des selles est un des facteurs qui peut nous y aider. Ainsi, des selles bien équilibrées sont de consistance assez ferme et de couleur brune. Si vos selles habituelles ne se présentent pas sous cette forme, votre système d'alarme devrait sonner... Si, du reste, vous êtes régulièrement aux prises avec des ballonnements, des gaz, dites-vous bien que ce n'est pas normal. Souvent, on s'habitue à une situation, la croyant naturelle, comme faisant partie de nous. Nous avons tort de penser ainsi et devrions plutôt toujours nous rappeler que ces manifestations sont des indicateurs d'un problème sous-jacent. Ne nous habituons pas à nos symptômes... Enfin, sachez aussi qu'une mauvaise élimination des selles peut avoir des répercussions sur la rondeur de votre ventre... un autre signe à surveiller de près.

Si votre fonctionnement intestinal ne vous semble pas normal, peut-être devriez-vous songer à un bon drainage de ce côté. En vous prêtant à un drainage intestinal, vous permettrez à vos intestins de se vider complètement. Ce grand ménage vous libérera d'un bon nombre de toxines en plus de remettre à l'heure la pendule de votre transit intestinal. Les formes que peut prendre un **drainage intestinal** sont multiples. Parmi elles, la prise de **laxatifs** est bien connue et parfois fort décriée. Pourtant, un laxatif doux peut être extrêmement efficace. Il stimule le système intestinal sans irriter, de telle sorte qu'on peut y avoir recours pendant des semaines sans problème. Simplement, il rend les selles plus molles et augmente leur fréquence. Les personnes craignant que leurs intestins deviennent dépendants de ces produits laxatifs offerts sur le marché devraient davantage s'inquiéter de garder trop longuement en elles des substances toxiques. Comme c'est le cas pour les autres draineurs, il faut savoir bien doser la prise de laxatifs. On commence à petites doses et on vérifie la réaction avant d'augmenter, si nécessaire.

Lorsque la situation est grave, voire urgente, les **purgatifs** intenses apparaissent souvent comme l'unique solution. Comme ces derniers sont plutôt violents, leur utilisation devrait être limitée à ces seules occasions, sans quoi le problème de base pourrait s'accentuer en détruisant une bonne partie de la flore intestinale et en irritant les muqueuses.

Modifier son régime alimentaire

Avant d'avoir recours à l'un ou l'autre de ces procédés, vous devriez toujours, si la situation n'est pas urgente, apporter des modifications à votre régime alimentaire.

Mangez plus de fruits et de légumes, qui vous nourriront de surcroît en fibres, très appréciés des intestins. Buvez aussi davantage (de l'eau, des jus de fruits et de légumes) et sûrement constaterez-vous déjà une nette amélioration de votre fonctionnement intestinal. Il s'agit là d'une première étape à franchir avant d'aller plus loin.

Quoique les fruits et les légumes présentent tous des qualités laxatives, certains sont plus efficaces que d'autres à ce chapitre. Parmi ceux-là, on compte l'abricot, les amandes, l'aubergine, la betterave, la carotte, la cerise, l'épinard, la figue, la fraise, la framboise, la laitue, le melon, l'olive, l'orange, le poireau, la pêche, la tomate et, bien sûr, la prune et le pruneau. Il est possible de bénéficier de leurs vertus laxatives en les consommant sous différentes formes. Ainsi, que vous les mangiez crus, ou que vous les preniez sous forme de jus ou de compote, ou même de ragoût ou de potage, l'effet est le même. Seulement, si votre état de santé vous rend plus vulnérable à la cellulose contenue en grand nombre dans ces fruits et ces légumes, vous auriez tout avantage à les consommer cuits ou tout au moins ramollis.

Pour un effet plus poussé, on peut, à l'occasion, utiliser l'un ou l'autre de ces aliments en quantité plus importante pour en faire une cure. On peut aussi suivre une diète de quelques jours à base d'un seul de ces aliments.

Des «plus»

Ajouter à son alimentation du son de blé et des graines, comme les graines de lin et de psyllium, est aussi une bonne habitude à prendre pour assurer un fonctionnement intestinal optimal. Le son peut être d'une aide précieuse aux personnes qui laissent peu de place aux végétaux dans leur alimentation. Il s'intègre facilement au menu de tous les jours; on peut en saupoudrer simplement les yogourts ou le mélanger aux potages où il passera tout à fait inaperçu. Selon vos besoins, la quantité utilisée peut varier entre 15 ml et 75 ml (1 et 5 c. à soupe) par jour. S'il vous semble que le son irrite vos intestins, essayez de le faire d'abord tremper dans l'eau quelques heures avant de l'ingérer.

Les **graines de lin** agissent davantage en douceur que le son, mais leur action est similaire. C'est surtout le fait qu'elles soient riches en huile qui contribue à un bon fonctionnement intestinal. Leur utilisation est aussi simple que celle du son. De la même manière, on les saupoudre sur les aliments, mais en quantité moindre: de 15 ml à 30 ml (de 1 à 2 c. à soupe) par jour suffisent. On peut aussi les manger telles quelles, entières, les broyer ou les faire tremper dans l'eau quelques heures avant de les utiliser.

Quant aux **graines de psyllium**, elles stimulent aussi en douceur les intestins. Il est recommandé, pour plus d'efficacité, de les faire tremper dans l'eau une bonne demi-heure. Ensuite, il ne s'agit plus que de boire cette mixture.

En prenant quotidiennement un seul verre d'eau contenant entre 15 ml et 30 ml (1 et 2 c. à soupe) de graines de psyllium, on peut s'attendre à enrayer ou à éviter les problèmes de constipation.

Le lavement intestinal

Le lavement intestinal est un moyen plus draconien de remettre de l'ordre dans le système intestinal.

Connus de tous et souvent appréhendés à tort, les lavements ne sont pas obligatoirement désagréables à subir. S'ils sont faits dans les règles de l'art, on peut en retirer de nets avantages. Pour ceux qui en sont à leur première expérience en la matière, rappelons d'abord brièvement de quoi il s'agit. En fait, comme son nom l'indique, le lavement sert à nettoyer les intestins. Pour ce faire, il s'agit simplement d'injecter de l'eau dans l'anus. À la base, toutes les formes de lavements reposent sur ce principe. Selon la quantité d'eau utilisée, le lavement prendra différents noms et sera plus ou moins efficace.

Le plus simple et le plus doux d'entre tous porte le nom de **douche rectale.** Celle-ci consiste à injecter de l'eau dans une toute petite partie du côlon située tout près de l'anus et qui se nomme l'ampoule rectale. Quoique l'eau soit injectée à l'extrémité de l'intestin, elle sait aspirer sur son passage des déchets situés bien plus loin. On peut pratiquer la douche rectale régulièrement, sans risque aucun. Certains le font même tous les jours.

Pour pratiquer la douche rectale, on a simplement besoin de 300 ml d'eau ainsi que d'une poire à lavement. Certains préfèrent enduire l'extrémité de la poire de vaseline afin de permettre une entrée en douceur et d'éviter les irritations. Voici comment procéder par la suite. Remplissez la poire d'eau afin qu'il n'y ait pas d'air d'introduit dans le côlon. Cette eau, vous l'aurez fait chauffer au préalable, si nécessaire, jusqu'à ce qu'elle atteigne la température de votre corps, soit 37 °C. Vous pouvez aussi obtenir la température voulue à l'aide de votre robinet d'eau chaude. Une fois cela fait, placez-vous en position debout et injectez simplement l'eau dans l'anus. Tout de suite après, retirez la poire et assoyez-vous immédiatement sur la toilette. L'eau ressortira automatiquement. La première fois, elle sera très colorée, mais lorsque vous aurez répété l'opération deux ou trois fois, elle le sera de moins en moins, signe que le lavement a réussi.

La douche rectale fait exception dans le monde des lavements intestinaux parce qu'elle utilise très peu d'eau, contrairement aux autres formes de lavement. Ces dernières font appel généralement à au moins 1 litre (4 tasses) d'eau, et souvent à bien davantage encore. Si tant de liquide est nécessaire, c'est pour atteindre toutes les parties du côlon et les irriguer efficacement. Contrairement aussi à la douche rectalc, les autres lavements demandent de conserver l'eau en soi plus longuement; en fait, aussi longtemps qu'on en est capable. Ce faisant, nous donnons la chance à tous les déchets et à toutes les croûtes qui se sont accumulés avec le temps de mieux se dissoudre pour ensuite être expulsés plus aisément.

Les **lavements** utilisant 1 litre (4 tasses) d'eau sont différents de ceux qui en demandent davantage, et ce, à plus d'un titre. Les premiers sont nettement plus simples à réaliser et beaucoup plus sécuritaires. En utilisant moins d'eau, il est tout à fait aisé de la laisser ressortir. En fait, dès qu'on sent la pression trop forte, on n'a qu'à s'asseoir sur la toilette pour la laisser aussitôt s'écouler. Avec plusieurs litres, cependant, expulser l'eau n'est pas si facile. L'eau qui s'est infiltrée partout dans le côlon, incluant les parties qui remontent, nécessite que nous prenions des positions particulières pour qu'elle puisse s'écouler. Il est alors plus difficile d'obtenir des résultats probants; du reste, l'expérience peut s'avérer plutôt désagréable. Ainsi, je vous recommande de privilégier plutôt le lavement de 1 litre (4 tasses).

Pour l'appliquer, vous devez d'abord vous procurer un bac à lavement que vous trouverez en pharmacie. Ce bac devrait comprendre un récipient pour recevoir l'eau, un tuyau ainsi qu'une valve possédant un robinet intégré. Une fois que vous avez en main les éléments nécessaires, remplissez d'eau le récipient en vous assurant, comme pour la douche rectale, qu'elle est à la température de votre corps, soit 37 °C. Prenez note que certaines personnes préfèrent remplacer l'eau par des infusions de plantes, comme le thym, l'eucalyptus, la bourdaine, la guimauve ou la camomille.

Pour faciliter l'entrée de l'eau dans l'anus, vous pouvez placer le récipient un peu plus haut que vous. Deux positions sont préconisées pour un tel lavement; à vous de choisir selon votre convenance: ou bien vous vous placez à quatre pattes, en penchant la tête vers l'avant, ou vous vous couchez sur le côté gauche. Il est plus facile d'introduire la canule dans l'anus avant de prendre position. Vérifiez tout de même, avant de l'insérer, que le robinet est bien fermé. Une fois installé, vous pourrez l'ouvrir. À tout moment, si vous ressentez un inconfort, vous êtes libre de fermer le robinet quelques minutes avant de poursuivre. Lorsque vous avez terminé d'injecter l'eau, vous pouvez retirer la canule de l'anus. Vous pouvez ensuite rester couché si vous l'étiez, c'est sans doute la position qui vous permettra de conserver le liquide en vous le plus longtemps possible. Ce délai n'est cependant pas très long. Sinon, vous restez en position agenouillée quelques minutes avant de vous allonger sur le côté. Au bout de 10 minutes tout au plus, vous aurez une envie irrésistible d'aller à la toilette. C'est nettement suffisant pour permettre à l'eau d'entraîner tous les déchets sur son sillage.

Contrairement à la douche rectale, le lavement proprement dit, même s'il est fait avec un seul litre d'eau, ne devrait être pratiqué qu'occasionnellement. En y ayant recours sur une base régulière, il peut devenir nuisible, notamment pour la flore intestinale.

Les draineurs intestinaux naturels

Parmi les draineurs intestinaux naturels, on compte, bien entendu, les incontournables plantes médicinales; plusieurs d'entre elles possèdent en effet des vertus laxatives et purgatives. Voici donc les plus connues et les plus efficaces.

D'abord, la **bourdaine**. On peut trouver cette plante laxative sous forme de comprimés ou de teinture mère. Selon la formule que vous choisirez, la posologie sera évidemment différente. L'étiquette du contenant vous indiquera quelle dose prendre. En ce qui concerne la teinture, il est habituellement recommandé d'en prendre entre 15 et 30 gouttes, trois fois par jour. Notez que les femmes enceintes peuvent prendre de la bourdaine sans risque, ce qui n'est pas le cas de toutes les plantes médicinales.

La **mauve** est un autre laxatif reconnu pour son action tout en douceur. Malgré cette caractéristique, elle se montre très efficace pour combattre la constipation. Elle est aussi utile lorsque le tube digestif est inflammé. On prend la mauve sous forme d'infusion, de comprimés ou de teinture mère. Pour un effet perceptible, lorsqu'on opte pour l'infusion, il faut utiliser quelque 40 g (1 1/2 oz) de feuilles (ou de fleurs, si vous en avez) et les laisser infuser une bonne dizaine de minutes.

La **réglisse** est une autre plante qui possède un large faisceau de propriétés; elle est, entre autres, laxative. Son goût la rend particulièrement intéressante pour plusieurs, quoique certains ne s'y habituent pas. Elle peut faire profiter de ses vertus autant sous forme de décoction que de comprimés. Pour la décoction, vous aurez besoin de 50 g (1 3/4 oz) de feuilles pour 1 litre (4 tasses) d'eau. Après avoir fait bouillir la réglisse durant 5 minutes, laissez-la macérer pendant 12 heures.

L'**huile de ricin**, elle, est reconnue tant pour ses vertus purgatives que laxatives. Les femmes enceintes ayant atteint la date prévue de l'accouchement y font souvent appel pour mettre en branle le travail. Les résultats de cette pratique sont plutôt mitigés. Certaines affirment qu'elle fonctionne, alors que d'autres patientent encore... Pour vous épargner le goût douteux de cette huile, je vous recommande de la prendre sous forme de comprimés.

Les laxatifs et les purgatifs salins

Cette famille de produits comprend l'hyposulfite de magnésium, le chlorure de magnésium, l'hydrate de magnésium et le sulfate de soude, des substances qui se présentent sous différentes formules.

À titre d'exemple, vous trouverez des comprimés d'hyposulfite de magnésium, alors que vous achèterez le sulfate de soude en poudre. Très efficaces, ces différents produits ne doivent être utilisés qu'exceptionnellement et sur de courtes périodes de temps. Pour améliorer davantage leur efficacité et permettre une meilleure élimination des sels, pensez à boire beaucoup d'eau.

DRAINER LE FOIE ET LA VÉSICULE BILIAIRE

D'abord, une méthode simple et populaire qui demeure toutefois efficace: la bouillotte chaude. Le foie apprécie la chaleur parce qu'elle le stimule. Lorsque vous sentirez votre foie engorgé, placez une bouillotte chaude sur votre abdomen, là où se situe le foie, c'est-à-dire du côté droit. Vous pourriez être surpris!

Mais les meilleurs draineurs aux chapitres du foie et de la vésicule biliaire sont encore les plantes médicinales. Certaines, celles dites cholagogues, s'adressent plus particulièrement et plus efficacement à la vésicule biliaire. D'autres, que l'on dit cholérétiques, ont une action particulièrement efficace auprès du foie. D'autres encore possèdent ces deux propriétés. Voici donc quelques-unes de ces plantes qui sauront être d'un grand secours pour faire le ménage de ce côté.

D'abord, la **chicorée sauvage**, qui est reconnue tant pour ses vertus cholérétiques que cholagogues. Elle est en plus diurétique, laxative et dépurative. Les multiples vertus de cette plante en font donc une alliée de choix en matière de drainage. On peut utiliser la chicorée sauvage sous forme d'infusion. Pour la décoction, il faut compter quelque 20 g (3/4 oz) de racines pour 1 litre (4 tasses) d'eau. On fait bouillir le tout 5 minutes avant de laisser infuser 10 minutes.

Quoique la **verge d'or** soit surtout reconnue pour ses qualités de draineur hépatique, elle a aussi une action non négligeable du côté des reins. On peut profiter des vertus de la verge d'or soit en infusion, soit sous forme de teinture mère. Lorsqu'on opte pour la teinture, il faut prendre de 30 à 50 gouttes dans un verre d'eau (ou selon les indications fournies avec la teinture mère), et ce, trois fois par jour. Certains préféreront la version infusion. Dans ce cas, on ajoutera environ 10 ml (2 c. à thé) de feuilles à 250 ml (1 tasse) d'eau et on laissera infuser le tout une bonne dizaine de minutes.

Le **romarin** est une autre plante médicinale qui présente à la fois des vertus cholagogues et cholérétiques. Déjà en l'utilisant en cuisine, en en parsemant nos plats, nous profitons de ses vertus. Mais on peut aussi en faire une infusion ou le trouver en comprimés. En ce qui concerne ces derniers, la dose habituellement indiquée est de 2 comprimés, trois fois par jour. Pour l'infusion, il suffit d'ajouter 5 ml (1 c. à thé) de romarin dans 250 ml (1 tasse) d'eau et de laisser infuser 15 minutes.

Outre les plantes médicinales, plusieurs aliments peuvent jouer un rôle bénéfique du côté du foie et de la vésicule biliaire. Parmi les fruits, on peut notamment compter sur la pomme, la fraise, le raisin, la prune, l'ananas, l'orange, le pamplemousse et la rhubarbe. En ce qui a trait aux légumes, le foie et la vésicule biliaire apprécient particulièrement le chou, la laitue, l'asperge, l'avocat, la tomate, le haricot vert et le céleri.

Mais par-dessus tout, deux aliments sortent du lot lorsqu'il s'agit de faciliter le nettoyage du foie et de la vésicule biliaire: l'artichaut et l'olive, incluant son huile.

L'**artichaut**, en plus d'être reconnu pour faciliter la digestion, possède des propriétés cholérétiques et diurétiques. En plus de l'intégrer tout simplement à notre alimentation, on peut l'utiliser en infusion, en teinture mère ou en comprimés. En ce qui a trait à l'infusion, utilisez 10 g (1/3 oz) de feuilles d'artichaut pour 1 litre (4 tasses) d'eau et laissez infuser une bonne dizaine de minutes. En raison de son goût amer, cette infusion est souvent peu appréciée. Si vous êtes de ceux qui réussissent tout de même à s'y faire, veillez à la prendre avant les repas pour une plus grande efficacité. Pour ce qui est de la teinture mère, il est recommandé d'en prendre 5 ml (1 c. à thé) le matin, avant de manger. Tout de suite après avoir pris la dose indiquée, il vous faut vous coucher une bonne demi-heure sur le côté droit. Finalement, c'est sans doute sous forme de comprimés que l'on peut le plus aisément profiter des vertus de l'artichaut; vous devrez simplement en prendre 1 ou 2, trois fois par jour.

L'olive, aussi bien que l'huile qu'on en retire, possède des propriétés qui lui permettent de drainer très efficacement le foie et la vésicule biliaire. Les feuilles de l'olivier servent pour les mêmes raisons. Vous pouvez utiliser ces feuilles en infusion ou prendre des comprimés. Pour l'infusion, vous aurez besoin d'une quantité de feuilles pouvant varier entre 40 g et 60 g (1 1/2 oz et 2 oz) pour 1 litre (4 tasses) d'eau. Laissez infuser une bonne dizaine de minutes. En ce qui a trait aux comprimés, il vous faudra en prendre 1 ou 2, trois fois par jour. L'huile d'olive vierge, de première pression à froid, est un aliment extraordinaire qu'il ne faut pas hésiter à utiliser. Dans le domaine qui nous intéresse particulièrement, il est à noter que l'huile d'olive recèle des vertus cholérétiques et cholagogues. Certains l'utilisent même en cure pour drainer la vésicule biliaire. Le procédé est simple: il s'agit de prendre de 15 ml à 30 ml (1 à 2 c. à soupe) d'huile d'olive vierge de première pression le matin avant de manger. De 10 à 15 jours de ce traitement suffisent normalement pour un bon nettoyage, mais pour de meilleurs résultats, rien ne vous empêche de refaire la cure à différentes périodes de l'année. D'autres personnes utilisent aussi l'huile d'olive en cure, mais d'une manière beaucoup plus draconienne: après avoir mangé peu la veille, il s'agit de boire au matin environ 150 ml (10 c. à soupe) d'huile d'olive... Ensuite, il faut se coucher sur le côté droit pendant une bonne demiheure. L'opération peut aussi être répétée à l'occasion durant l'année.

DRAINER LES REINS

Les reins, tout comme le foie et les intestins, ont une fonction essentielle au sein du corps humain: celle de nettoyer. Les reins purifient le sang et filtrent les déchets avant de les expulser par nos urines. Des reins en santé permettent au corps d'éliminer plusieurs fois par jour. Ainsi, une personne normale urinera habituellement autour de cinq fois durant la journée.

La couleur et l'odeur de l'urine peuvent aussi en dire long sur le fonctionnement des reins. Lorsque ceux-ci fonctionnent normalement, ils produisent une urine d'un jaune assuré. La couleur indique la présence de déchets et c'est tant mieux; il ne faut surtout pas s'en inquiéter. Si les reins fonctionnent moins bien, la couleur sera plus pâle, presque inexistante. Mais attention! si vous buvez beaucoup durant la journée, il est normal que votre urine soit plus claire, plus diluée. Son odeur peut varier: généralement plus discrète, elle peut devenir plus forte à l'occasion, signe que l'organisme cherche à se départir de substances dont il n'a rien à faire.

Alors que faire si vous constatez que vous n'urinez pas suffisamment ou que vos urines paraissent anormales? La réponse est simple: tournez-vous vers les nombreuses substances diurétiques qui vous entourent. Vous les trouverez d'abord tant dans les fruits et les légumes que dans les plantes médicinales. Les fruits particulièrement diurétiques sont la prune, le pamplemousse, la pomme, la cerise et le melon. Au chapitre des légumes diurétiques, on trouve le céleri, le navet, l'asperge, le haricot, l'artichaut, l'aubergine ainsi que le chou, le fenouil, l'oignon, le maïs et le poireau. Tous ces aliments peuvent être simplement intégrés à l'alimentation pour faire profiter l'organisme de leurs vertus.

Mais pour favoriser davantage l'élimination par les urines, voici ce que vous pouvez faire avec quelques-uns d'entre eux. En ce qui concerne le **fenouil**, par exemple, vous pouvez faire sécher les racines pour en faire une décoction. Coupez-les préalablement en petits morceaux de manière à les plonger plus facilement dans l'eau. Pour 1 litre (4 tasses) d'eau, comptez un bon 25 g (1 oz environ) de racines de fenouil et faites bouillir durant 10 minutes.

Vous pouvez également faire une décoction à base de **poireaux.** Dans ce cas, faites bouillir 2 poireaux dans 1 litre (4 tasses) d'eau pendant 30 minutes.

En ce qui concerne le **maïs**, c'est surtout la barbe qui est diurétique. Au lieu de la jeter avec les pelures, vous pouvez en faire une décoction. Prenez la barbe de 8 à 10 maïs et faites-la simplement bouillir durant 10 minutes dans 1 litre (4 tasses) d'eau.

L'**oignon** est aussi un diurétique très efficace. On peut du reste profiter de ses vertus sous différentes formes: en cataplasme, en décoction ou en jus. Pour faire une décoction à base d'oignons, il s'agit simplement de couper quelques oignons (2 ou 3) sans retirer la pelure, et de les plonger dans 1 litre (4 tasses) d'eau. Faites ensuite bouillir le tout une bonne quinzaine de minutes avant de filtrer et de boire. Une variante consiste à faire macérer des oignons coupés durant la nuit, dans 1 litre (4 tasses) d'eau. Au matin, filtrez et buvez, à la température de la pièce. On peut aussi confectionner des cataplasmes d'oignons en les apposant directement là où se situent les reins, à la base du dos. Il faut alors utiliser des oignons, que l'on aura préalablement coupés en rondelles et laissés travailler une bonne demi-heure. On peut également faire de pareils cataplasmes avec du chou.

En ce qui a trait aux **plantes médicinales** particulièrement diurétiques, il faut compter le bruyère, le genévrier, le frêne, le cerisier, le cassis, le pissenlit et le bouleau.

En plus d'être un bon draineur du foie, le **pissenlit** est également efficace au chapitre des reins. Pour bénéficier de ses vertus, on peut l'intégrer simplement à nos salades, s'en faire une décoction ou encore le prendre sous forme de comprimés ou de teinture mère. Pour la décoction, prévoir entre 30 g et 50 g (1 oz et 1 3/4 oz) de feuilles que vous ferez bouillir 2 minutes dans 1 litre (4 tasses) d'eau avant de faire infuser une bonne dizaine de minutes. En ce qui concerne les comprimés, comme c'est le cas pour la majorité des plantes médicinales, il est indiqué d'en prendre 1 ou 2, trois fois par jour. Si vous optez pour la teinture mère, comptez entre 10 et 40 gouttes, trois fois par jour aussi.

La **bruyère** est reconnue pour ses propriétés diurétiques. Pour en profiter, faites-vous une décoction en ajoutant quelque 40 g (1 1/2 oz) de fleurs à 1 litre (4 tasses) d'eau. Faites d'abord bouillir le tout 3 minutes avant de laisser infuser 10 minutes.

Le **genévrier** est aussi un diurétique très efficace en plus d'être un dépuratif dont tout l'organisme peut bénéficier. Ce sont les baies du genévrier qui renferment ces vertus. Ces dernières peuvent être utilisées en infusion, en huile essentielle ou être simplement mangées. Pour l'infusion, comptez quelque 25 g (environ 1 oz) de baies et ajoutez-les à 1 litre (4 tasses) d'eau avant de faire infuser 10 minutes.

Ce sont les feuilles de **cassis** qui ont des propriétés diurétiques. La meilleure manière d'en profiter est d'en faire une infusion dont le goût est d'ailleurs très intéressant. Pour ce faire, prévoyez 40 g (1 1/2 oz) de feuilles de cassis pour 1 litre (4 tasses) d'eau et laissez simplement infuser une bonne dizaine de minutes.

Le **bouleau** est particulièrement dépuratif sur le plan des reins, quoique tout l'organisme puisse aussi tirer profit de son potentiel. La manière la plus simple de l'utiliser est de s'en faire une infusion. Comptez alors quelque 40 g (1 1/2 oz) de feuilles et laissez macérer 10 minutes dans 1 litre (4 tasses) d'eau.

Un autre diurétique bien connu pour son efficacité: les **queues de cerises**. La façon la plus simple de les utiliser est, encore une fois, d'en faire une décoction. Pour cela, vous pouvez tout aussi bien prendre des queues de cerises fraîches que séchées. Si toutefois celles que vous avez sous la main sont séchées, il vous faudra les laisser macérer une bonne douzaine d'heures avant de les utiliser. Ensuite, faites bouillir 25 g (1 1/2 oz) de queues de cerises dans 1 litre (4 tasses) d'eau pendant une dizaine de minutes.

Enfin, le **frêne** est aussi un diurétique efficace; lorsqu'on le prend en quantité plus importante, il peut devenir purgatif. Il est possible d'utiliser le frêne sous forme de comprimés ou en infusion. En ce qui concerne les comprimés, il est recommandé d'en prendre 1 ou 2, trois fois par jour. L'infusion se prépare avec les feuilles; ajustez la quantité selon votre goût et votre tolérance. Faites bouillir les feuilles 10 minutes dans 1 litre (4 tasses) d'eau.

En plus des aliments et des plantes médicinales, la nature a aussi mis à notre disposition un autre diurétique très efficace et dont on néglige trop souvent l'importance: l'eau. Boire beaucoup d'eau est un geste que nous devrions faire naturellement. Il ne faut pas attendre d'avoir soif pour boire, mais plutôt aller au-devant de notre corps. Vos reins vous en seront reconnaissants; ils travailleront mieux. En fait, boire suffisamment d'eau peut drainer adéquatement les reins.

LA PEAU

La peau, tout comme les autres émonctoires, peut accumuler différentes formes de déchets lorsque nous ne lui permettons pas de les expulser.

Les différentes couches cutanées produisent plusieurs formes de résidus. La cellulite, par exemple, n'est rien d'autre qu'une forme d'accumulation de déchets à «l'étage» de la peau que l'on nomme hypoderme. Si cette forme d'accumulation est bien visible, perceptible à l'œil nu, il n'en va pas de même en tout temps. De fait, votre peau peut être engorgée et le montrer de manière bien plus subtile.

Une des façons de savoir si votre système cutané expulse bien les détritus est de jeter un coup d'œil du côté de votre transpiration. Une peau en santé transpire de toutes parts à l'effort ou lorsqu'elle est soumise à la chaleur. Des gouttes de sueur peuvent apparaître à différents endroits du corps et non seulement au niveau des aisselles. Si vous ne transpirez pas par tous vos pores, dites-vous bien que l'élimination ne se fait pas normalement.

D'autres indices peuvent vous mettre la puce à l'oreille et vous indiquer clairement que votre système sudoripare est engorgé. Vous pouvez dès lors voir apparaître des problèmes de peau de différents ordres, allant de simples démangeaisons cutanées en passant par de l'eczéma et des boutons rouges.

Les glandes sébacées (qui sécrètent le sébum) peuvent aussi s'obstruer et entraîner certains symptômes indiquant qu'un bon ménage s'impose. Ces indices sont les points noirs qui bouchent les pores du visage et l'acné, notamment. Quant à l'épiderme, la partie la plus en surface de la peau, elle sait aussi éjecter les corps qui lui sont inutiles. Elle forme alors des pellicules, par exemple, ou des verrues, du psoriasis, etc.

Les draineurs de la peau

Les draineurs cutanés par excellence sont, sans aucun doute, ceux qui utilisent le principe de la sudation. Parmi ceux-là, il faut, bien entendu, compter l'**exercice physique**. La sueur entraînée par l'activité physique favorise en effet l'expulsion des toxines. Et plus l'activité est soutenue, plus la sueur est chargée de ces substances sans intérêt aucun pour l'organisme. Ainsi, que vous pratiquiez un sport d'équipe, la marche rapide ou le ski de fond, l'important est que vous vous activiez suffisamment pour entraîner une bonne sudation.

Pour augmenter encore la sudation, certains pratiquent leurs activités physiques en portant des vêtements plus chauds que nécessaire. Une fois votre séance d'activité physique terminée, il n'y a rien de tel qu'une bonne douche pour compléter le nettoyage ainsi entrepris. Cette douche après l'effort n'est pas seulement essentielle d'un point de vue hygiénique; elle permet en fait d'éliminer les déchets que l'activité physique vous a aidé à expulser, mais qui se trouvent dès lors à la surface de la peau. La douche les élimine donc entièrement.

Le **sauna** est une autre méthode de drainage faisant appel à la sudation. Il s'agit d'ailleurs d'une méthode ancestrale qui a traversé les siècles et la planète pour être aujourd'hui très répandue et très utilisée. Le principe de drainage est le même que celui qui se produit au cours de l'activité physique. C'est en fait la sudation qui est encore mise à profit ici, sauf qu'au lieu de s'activer, on se détend dans une cabine de bois où l'air est chauffé pour atteindre des températures pouvant varier entre 60 °C et 90 °C. La sudation est alors inévitable, et elle est riche en toxines émanant du corps.

Pour mieux bénéficier des vertus de ce bain d'air chaud qu'est le sauna, il est recommandé de prendre une douche d'abord. Puis, on entre dans le sauna; certains y vont tout à fait nus, d'autres vêtus d'un maillot de bain (idéalement sans fibres synthétiques) ou simplement drapés d'une serviette. Si vous choisissez de vous installer sur la banquette la plus près du sol, la chaleur sera moindre que si vous optez pour le siège supérieur. Si vous en êtes à votre première expérience, commencez par le bas et vous monterez si vous vous en sentez capable. Il est à noter que certaines personnes ont du mal à supporter cette chaleur; elles ont parfois l'impression d'étouffer. Si vous ne vous habituez pas, inutile de vous entêter; vous n'aurez simplement qu'à choisir un autre moyen de drainage. Par contre, si vous tolérez bien le sauna, vous pouvez en augmenter encore la chaleur en jetant un peu d'eau sur les pierres du sauna ou en ajustant le thermostat.

Après une dizaine de minutes, sortez du sauna pour prendre une douche fraîche ou vous plonger dans la piscine. (Les piscines publiques ont presque toujours un ou deux saunas à la disposition des membres.) Quelques instants suffisent. Ensuite, prenez quelques minutes de repos avant de retourner au sauna pour encore 10 minutes. Vous pouvez répéter cette séquence jusqu'à trois fois.

Un simple bain chaud pris à la maison, dans une baignoire tout ce qu'il y a de plus traditionnel, peut à lui seul provoquer une sudation suffisante pour expulser bon nombre de toxines. Ne lésinez donc pas sur ces agréables minutes que vous vous offrez; elles vous sont d'un bien inestimable. Je reparlerai plus abondamment des bienfaits du bain au chapitre consacré au désincrustage.

Soleil, alimentation et plantes

Les bienfaits du soleil sont souvent remis en question en raison du fameux trou dans la couche d'ozone qui nous expose dangereusement aux rayons ultraviolets. Cependant, si l'on se protège adéquatement, notamment en appliquant sur la peau des crèmes efficaces, on peut encore profiter de ses bienfaits sans crainte. L'exposition au soleil entraîne à elle seule une saine sudation qui permet un drainage digne de ce nom.

Au-delà de la chaleur, on peut aider la peau à expulser les toxines par simple friction. Pour ce faire, l'emploi d'un gant de crin est recommandé. Il est vrai qu'au début, la pratique peut sembler un peu saisissante, mais avec le temps, la peau et son propriétaire s'habituent. En pratiquant une telle friction quotidienne à la grandeur du corps, vous aidez votre peau à respirer en lui permettant de se départir de particules mortes.

Aucun fruit, aucun légume ne peut agir comme draineur cutané. Cependant, quantité d'entre eux permettent d'avoir une peau plus en santé. Les légumes particulièrement appréciés de la peau sont: le chou, le radis, le concombre, l'asperge, la carotte et l'artichaut. En ce qui a trait aux fruits favorisant une peau en santé, on peut compter l'orange, le citron, les amandes, la framboise et la fraise.

Certaines plantes médicinales possèdent toutefois des propriétés sudorifiques. Elles sont donc considérées comme de bons draineurs cutanés en soi, mais davantage encore lorsque l'on combine leur utilisation à l'une ou l'autre des formes de drainage que je viens de décrire. Les plantes sudorifiques sont: le sureau, la camomille, la bardane, la pensée sauvage et la bourrache.

En ce qui a trait au sureau, on peut s'en faire simplement une infusion: on ajoute 15 ml (1 c. à soupe) de ses fleurs à 250 ml (1 tasse) d'eau et on laisse infuser 10 minutes.

La camomille peut aussi nous faire profiter de ses vertus sudorifiques par l'infusion. Dans ce cas, ce sont aussi les fleurs 15 ml (1 c. à soupe) dans 250 ml (1 tasse) d'eau qu'il faut laisser infuser une dizaine de minutes.

En ce qui concerne la bardane, on peut l'utiliser en comprimés, en teinture mère ou s'en faire une décoction. Pour cette dernière option, vous aurez besoin de 40 g (1 1/2 oz) de racines que vous ferez bouillir 10 minutes dans 1 litre (4 tasses) d'eau.

La pensée sauvage, elle, peut être prise en infusion, en teinture mère ou en comprimés. Si vous optez pour la teinture, prenez 50 gouttes, trois fois par jour. En ce qui a trait aux comprimés, la dose habituellement recommandée est 1 ou 2 comprimés, également trois fois par jour. Pour l'infusion, comptez quelque 60 g (environ 2 oz) de fleurs et laissez-les infuser pendant 10 minutes dans 1 litre (4 tasses) d'eau.

Enfin, on peut prendre la bourrache en infusion en laissant infuser 15 ml (1 c. à soupe) de fleurs pendant 10 bonnes minutes dans 250 ml (1 tasse) d'eau.

LES POUMONS

Les poumons et les voies respiratoires, plus globalement, rejettent leur lot de déchets. Les déchets ainsi éliminés peuvent prendre la forme de gaz carbonique, mais ils peuvent carrément être des substances introduites de façon involontaire dans le système, comme le pollen ou la poussière. D'autres déchets sont carrément le fruit de notre intoxication interne; habituellement, ils cherchent d'abord à sortir du corps en prenant la voie des intestins, des reins ou du foie, mais lorsque ceux-ci ne suffisent plus à la tâche, les voies respiratoires sont appelées en renfort. Quand cela se produit, un engorgement peut se faire sentir de différentes manières. Les sinus peuvent se bloquer, la respiration peut devenir plus difficile et la toux peut apparaître; on peut aussi ressentir davantage le besoin de se moucher.

Drainer les poumons

Les plantes médicinales capables d'agir au niveau des poumons et des voies respiratoires sont dites balsamiques, béchiques, expectorantes ou fluidifiantes.

Celles qui sont dites balsamiques ont une action adoucissante à l'endroit des muqueuses respiratoires. On les utilise pour réduire l'irritation causée par la toux, par exemple, ou le passage de déchets. Les plantes béchiques calment la toux en même temps qu'elles favorisent l'expectoration. Les plantes expectorantes entraînent l'expulsion des sécrétions qui ont tendance à rester collées aux voies respiratoires. Quant aux fluidifiantes, comme leur nom l'indique, elles aident à fluidifier ces substances collantes de manière qu'elles puissent être expulsées plus aisément.

L'**eucalyptus** est reconnu pour son efficacité au chapitre des poumons. Cette plante possède d'ailleurs plusieurs propriétés: elle est à la fois béchique, balsamique et fluidifiante. On peut l'utiliser de différentes façons: en comprimés, en infusion, en huile essentielle ou en inhalation. Si vous choisissez les comprimés, prenez-en 1 ou 2, trois fois par jour. Pour l'infusion, comptez environ 4 feuilles pour 250 ml (1 tasse) d'eau et laissez infuser une quinzaine de minutes. En ce qui a trait à l'huile essentielle, 3 gouttes, trois fois par jour, suffiront. L'inhalation peut se faire de deux manières: ou bien vous ajoutez une quinzaine de gouttes d'huile essentielle à un bol contenant de l'eau bouillante; ou vous préparez une infusion avec 1/2 litre (2 tasses) d'eau et 30 ml (2 c. à soupe) de feuilles d'eucalyptus. Quelle que soit l'option que vous choisissiez, vous n'avez plus ensuite qu'à pencher votre visage au-dessus du bol et à inhaler les vapeurs qui s'en dégagent. Pour bénéficier encore davantage de ces inhalations et n'en rien perdre, couvrez-vous la tête d'une serviette.

La **réglisse** possède de nombreuses propriétés, mais dans le cadre qui nous intéresse ici, citons-en deux: elle est béchique et fluidifiante. On peut profiter de ses vertus par voie de comprimés ou de décoction. Dans ce dernier cas, vous devez avoir sous la main quelque 50 g (1 3/4 oz) de racines de réglisse et 1 litre (4 tasses) d'eau. Vous n'avez ensuite qu'à faire bouillir le tout une bonne dizaine de minutes. Si vous privilégiez les comprimés, vous pouvez prendre 1 ou 2 comprimés trois fois par jour.

Le **thym**, lui, est balsamique et expectorant. On peut le prendre sous forme de comprimés aussi bien qu'en inhalation, en huile essentielle ou en infusion. Pour préparer cette dernière, laissez infuser de 5 ml à 10 ml (de 1 à 2 c. à thé) de thym dans 250 ml (1 tasse) d'eau durant 10 minutes. Quant aux comprimés, la même posologie s'applique: 1 ou 2 comprimés, trois fois par jour. Comme l'huile essentielle de thym est très forte, il est recommandé de la mélanger à du miel avant de l'ingérer et de n'en prendre que 2 gouttes, trois fois par jour. Pour l'inhalation, comptez entre 5 et 10 gouttes d'huile essentielle et mélangez-les à 500 ml (2 tasses) d'eau bouillante.

L'**origan** possède des propriétés expectorantes et fluidifiantes. Il est possible de bénéficier de ces dernières de trois façons: par inhalation, en infusion ou en huile essentielle. Pour une inhalation à base d'huile essentielle d'origan, comptez entre 5 et 10 gouttes d'huile pour 500 ml (2 tasses) d'eau.

L'huile essentielle d'origan étant aussi très forte, il est recommandé de bien la diluer dans du miel avant de l'ingérer; 1 goutte seulement est suffisante, trois fois par jour. Pour l'infusion, il faut compter de 5 ml à 10 ml (de 1 à 2 c. à thé) pour 250 ml (1 tasse) d'eau et laisser infuser une bonne dizaine de minutes.

L'usage des plantes médicinales est sans aucun doute la méthode la plus simple et la plus naturelle en ce qui concerne le drainage des poumons. Mais d'autres méthodes existent. L'une d'entre elles consiste à **forcer la toux** pour tenter de faire sortir des poumons les substances qui les engorgent. Une autre encore demande de se placer quelques minutes durant... la **tête en bas**. Cela peut paraître étrange, mais c'est assurément efficace. Comme tout le monde n'est pas maître en yoga, voici une solution de rechange que vous pouvez essayer sans risque: placez-vous simplement à quatre pattes en inclinant le plus possible le tronc et la tête vers le sol. Vous favoriserez ainsi l'élimination des déchets par les voies respiratoires.

L'**activité physique** peut être ici encore d'un grand secours. De fait, lorsque nous nous activons suffisamment, non seulement nous mettons en branle le phénomène de sudation, mais nous faisons travailler à souhait les voies respiratoires. Ainsi, lorsque nous nous essoufflons, nous permettons à quantité de déchets de prendre la porte de sortie.

On peut par ailleurs obtenir le même effet en demeurant confortablement assis chez soi. Il suffit de se munir d'une bouteille vide que l'on remplit au tiers d'eau environ. Puis, à l'aide d'un petit tuyau ou d'une paille, on souffle dans l'eau, en expirant. Ce petit jeu qui amuse les enfants est largement utilisé dans les hôpitaux pour faire le ménage des voies respiratoires chez les sujets qui ont subi une intervention chirurgicale ayant nécessité une anesthésie générale. Nul besoin d'attendre l'hôpital et l'opération pour s'approprier les bienfaits de cette technique!

LES OREILLES

Les oreilles peuvent aussi accumuler leur lot de déchets. Cependant, contrairement aux autres organes dont nous avons fait mention, elles ne sont équipées d'aucun dispositif leur permettant d'éjecter ces substances qui les obstruent, à part, bien sûr, la production de cérumen. Elles ont donc besoin d'un sérieux coup de main de leur propriétaire.

Drainer les oreilles

Drainer les oreilles peut sembler de prime abord moins important que drainer le foie, les reins ou les intestins. Pourtant, les déchets qui s'accumulent dans cette partie du corps peuvent avoir des conséquences fort désagréables. Parmi elles, on peut compter de souffrantes otites, de sérieux problèmes d'équilibre, des migraines et, bien entendu, la surdité.

La manière la plus naturelle et la plus douce de nettoyer en profondeur ce système est d'utiliser les fameuses **bougies auriculaires**. Elles ont parfois eu mauvaise presse au cours des dernières années; des cas de brûlures auraient notamment été dénoncés. Évidemment, lorsque l'on joue avec le feu, il faut redoubler de prudence. Si vous ne vous sentez pas suffisamment en confiance pour pratiquer cette technique, parlez-en à votre naturopathe qui saura sûrement vous orienter vers quelqu'un de compétent en la matière.

Ceci étant dit, la technique est aussi simple qu'efficace. Mais d'abord, un mot sur ces bougies elles-mêmes. Elles sont constituées de gaze, de cire d'abeille et d'huile essentielle de plantes médicinales. Le procédé consiste à placer une extrémité dans l'oreille du sujet et à allumer l'autre. Tranquillement, la cire s'évapore en même temps que la chaleur et les vapeurs d'huile essentielle pénètrent l'oreille pour y faire fondre la cire, et ce, même si elle a formé un bouchon. L'action de la bougie auriculaire ne s'arrête pas là; elle favorise également le bon fonctionnement de la circulation sanguine ainsi que de la circulation lymphatique à ce niveau du corps.

Chapitre 3

LE DÉSINCRUSTAGE

Lorsque les drainages ne suffisent pas, que l'on a affaire à des déchets profondément incrustés dans l'organisme, il est souvent préférable de faire appel au désincrustage pour arriver à les déloger.

Cette pratique permet notamment de rapetisser les déchets, ce qui rend leur élimination plus aisée. Mais attention! les techniques de désincrustage ne doivent pas être prises à la légère. Si elles ont le pouvoir de nous débarrasser de quantité de substances néfastes pour la santé, elles laissent aussi échapper au passage des éléments qui lui sont nécessaires, comme des vitamines et des sels minéraux. Il faut donc toujours entreprendre une cure avec prudence et en évitant soigneusement l'acharnement.

De pareilles techniques peuvent également entraîner à l'occasion des manifestations impressionnantes qui ressemblent parfois à des maladies. Ces manifestations tout à fait normales peuvent prendre la forme de boutons, d'eczéma, de problèmes respiratoires, d'inflammations articulatoires, etc.

Elles sont généralement de courte durée: habituellement, elles se résorbent d'elles-mêmes au bout de quelques heures; à l'occasion, elles peuvent cependant persister durant quelques jours. Quoique ces crises ne soient que l'expression d'une bonne élimination des toxines, il faut les garder à l'œil. Il convient d'exercer sur elles un certain contrôle afin qu'elles ne dégénèrent pas en irritation ou en blocage des émonctoires. Ces pertes de contrôle, plutôt rares, méritent tout de même que nous fassions tout notre possible pour les empêcher de survenir.

Pour ce faire, il faut d'abord éviter de se lancer tout de go dans un désincrustage en règle sans préparation. Aussi, il est recommandé de préparer d'abord soigneusement le terrain en ayant recours, dans un premier temps, au drainage.

En pratiquant diverses formes de drainage dans les semaines et les mois précédant le désincrustage, votre organisme sera fin prêt pour cet exercice plus musclé et ne devrait pas faire des siennes. Pour vous assurer encore davantage de ne pas soulever de problèmes, voyez aussi à augmenter votre apport quotidien en minéraux, en vitamines et en oligo-éléments dans les semaines précédant le désincrustage. Ce surplus compensera pour les pertes que cette pratique occasionnera. Une telle précaution facilitera d'autre part l'élimination des toxines puisqu'elle remettra votre métabolisme sur ses rails.

LE JEÛNE

Le monde des animaux nous apprend beaucoup à nous, les humains; c'est pourquoi de multiples disciplines étudient les animaux pour diverses raisons. Le domaine de la santé, entre autres, suit de très près la vie des animaux. On va même (c'est bien malheureux!) jusqu'à s'en servir comme cobayes pour vérifier l'impact de nouveaux médicaments ou de nouvelles méthodes avant de les utiliser chez les humains. On reconnaît donc que l'animal et l'homme ne sont pas si loin l'un de l'autre... Or que font les animaux lorsqu'ils sont malades? Ils jeûnent et ils dorment. Ce qui est bon pour eux devrait encore être bon pour nous, si nous suivons la logique habituelle qui relie les deux mondes...

Le jeûne est connu et pratiqué depuis la nuit des temps dans le monde entier. S'il a traversé les époques et la planète avec toujours autant d'adeptes, c'est qu'il s'agit d'un moyen incontournable, extrêmement efficace pour débarrasser le corps des toxines qui l'encombrent. Mais en quoi consiste véritablement un jeûne? La réponse est simple: c'est une période durant laquelle on s'abstient de manger toute forme de nourriture. Il n'y a que l'eau qui soit permise. Étant ainsi privé de tout élément nutritif, l'organisme est obligé de puiser en son sein même ce dont il a besoin pour fonctionner.

L'incroyable machine qu'est le corps réussit alors à transformer en énergie les déchets qui l'habitent. Le jeûne permet d'atteindre les résidus les plus incrustés et d'éliminer ceux qui ne se seront pas transformés en énergie. Le nettoyage est vraiment spectaculaire; aucune méthode ne peut égaler le jeûne. S'il en est ainsi, c'est notamment parce que durant un tel exercice, nous nous trouvons à éliminer davantage de déchets que nous en fabriquons. Les toxines les plus lointaines remontent vers les émonctoires, elles se rapprochent des portes de sortie. Le lot de toxines ainsi véhiculées pendant le jeûne est tellement important qu'il arrive que certaines personnes éprouvent du mal à passer à travers les premiers jours. Les effets peuvent être d'ordres physique et psychique. Mais il vaut vraiment la peine de passer par-dessus ces premières embûches tout à fait normales.

Les apports du jeûne sont incontestables et nombreux; il permet non seulement de nettoyer en profondeur l'organisme, mais aussi de renouveler les tissus. Le jeûne est carrément régénérateur.

Faire un jeûne

Les émonctoires seront tous très sollicités par le jeûne. En peu de temps, ils verront passer une quantité appréciable de toxines, ce qui risque de causer des irritations ou des blocages. Pour éviter ces inconvénients, il est donc recommandé de préparer le terrain avant de jeûner. Pour ce faire, les méthodes de drainage présentées dans ce livre sont tout indiquées. Utilisez les plantes médicinales efficaces pour l'un ou l'autre des émonctoires, pratiquez une douche rectale ou un lavement, faites de l'exercice, prenez des saunas, etc. De cette façon, vous favoriserez une bonne ouverture des émonctoires, qui seront ainsi prêts à jouer pleinement leur rôle une fois que vous serez rendu à l'étape subséquente. Accordez une attention toute particulière aux intestins. S'il y a un émonctoire dont il faut à tout prix s'assurer les loyaux services durant un jeûne, c'est bien ce dernier. Un dysfonctionnement de ce côté pourrait rendre l'opération périlleuse.

N'allez surtout pas faire l'erreur de vous offrir un festin de roi à la veille de votre jeûne! Habituez plutôt tranquillement votre organisme à recevoir moins de nourriture. Il aura ainsi moins de mal à s'habituer à l'abstinence complète à laquelle vous lui demanderez de se plier durant quelques jours. Cette alimentation parcimonieuse favorisera déjà à elle seule un début de désintoxication, qui rendra moins difficiles les tout premiers jours du jeûne.

S'il est impératif de préparer les émonctoires avant le jour J, il est aussi important de continuer à les stimuler durant le jeûne lui-même. La meilleure manière de le faire est encore de s'activer physiquement pour compenser le ralentissement métabolique entraîné par l'absence de nourriture. Il ne s'agit pas de se lancer dans des activités trop intenses, dont vous seriez de toute façon incapable de suivre le rythme. La marche constitue une activité parfaitement adaptée en période de jeûne, mais il est possible aussi de faire quelques légers exercices. Par ailleurs, les frictions au gant de crin ne sont pas contre-indiquées, au contraire! Il en va de même pour les exercices de respiration profonde. Le reste du temps, reposez-vous, lisez tranquillement, vaquez à de simples occupations ou à des passe-temps qui vous divertissent. Mais surtout, n'oubliez pas de boire beaucoup d'eau. Certains préfèrent la boire chaude ou tout au moins à la température de la pièce, alors que d'autres ne voient pas d'inconvénients à la boire froide. Faites comme il vous plaît. Vous pouvez même vous préparer des infusions pour autant que vous n'y ajoutiez ni sucre ni miel; vous devez les boire nature.

La durée du jeûne

En ce qui a trait à la durée de cette période d'abstinence, vous êtes aussi le seul maître à bord. Certains font un jeûne d'une seule journée, alors que d'autres s'y lancent pour plusieurs semaines. Entre ces deux extrêmes, une variété de possibilités tout aussi efficaces s'offrent à vous. Les jeûnes de trois ou quatre jours sont très populaires. Il est facile de les intégrer à la vie courante, ce qui n'est pas nécessairement le cas pour un jeûne de trois semaines; il est évident qu'un jeûne de quelques jours est plus facile à réaliser qu'un autre de quelques semaines. Par ailleurs, rien ne vous empêche de répéter un jeûne de trois ou quatre jours durant l'année. Pourquoi ne pas en faire un chaque début de saison? C'est ce que font beaucoup d'adeptes de cette pratique. D'autres jeûnent encore plus régulièrement: jusqu'à quelques jours par mois.

Le plus important dans la durée, c'est votre état général. Peu importe le temps que vous auriez aimé lui consacrer, rappelez-vous que ce que vous faites est pour votre bien. Aussi, si vous vous sentez mal et inquiet, rien ne vous oblige à continuer. Dites-vous bien que peut-être la prochaine fois, cela se passera mieux. Soyez à l'écoute de votre corps. Ceci étant dit, rappelez-vous tout de même que vous pouvez voir apparaître des manifestations physiques qui sont tout à fait normales dans ce contexte. En étant déjà au courant de celles-ci, sûrement les verrez-vous surgir avec moins d'inquiétude.

Cependant, soyez à l'affût des signes suivants qui vous indiquent clairement que vous devriez remettre à plus tard votre jeûne: le fait d'être complètement épuisé est un signe qu'il ne faut pas prendre à la légère; si vous perdez rapidement beaucoup de poids, n'hésitez pas à abandonner tout de go votre jeûne; si vous vous sentez dépressif, prenez garde, de même que si vous êtes aux prises avec l'insomnie. Un autre signe annonçant incontestablement la fin du jeûne est le retour de la faim. Après avoir passé quelque temps à penser avoir faim, puis à ne plus la ressentir, voilà qu'elle revient en force.

On ne peut toutefois sentir le retour de cette vraie faim que dans les jeûnes de longue haleine. Ceux de courte durée ne nous laissent pas le temps de nous départir de nos habitudes de manger souvent, pour passer le temps. L'idée, le désir de manger n'a pas vraiment le temps de nous quitter, aussi est-il difficile de ressentir le phénomène de la vraie faim qui nous revient.

À la fin du jeûne

Avant le jeûne, il fallait éviter de prendre un festin de roi afin d'habituer le corps aux changements à venir; le même principe s'applique au sortir du jeûne. Dans ce cas-ci, c'est d'abord et surtout le tube digestif qu'il faut préparer. Il a perdu l'habitude de travailler et il faut lui laisser reprendre son rythme progressivement. Ainsi, le retour à l'alimentation doit se faire graduellement. Les premiers aliments que vous vous mettrez sous la dent devraient être faciles à digérer. Vous pouvez même commencer simplement par des infusions auxquelles vous aurez ajouté du sucre ou du miel. Vous pourriez passer ensuite à des légumes cuits et dilués. Même si d'instinct nous serions souvent portés à croquer dans un bon fruit ou un légume cru, il n'est pas recommandé de le faire à ce stade-ci. Même les jus de légumes et de fruits ne sont pas indiqués pour le moment. Vous pouvez cependant privilégier d'autres aliments riches en fibres. Ceux-là permettront à votre système de continuer le travail entrepris durant le jeûne.

En suivant ces règles simples, vous réhabilitez lentement mais sûrement votre tube digestif sans aller à l'encontre des bienfaits du jeûne que vous venez de pratiquer. Il est important de suivre ces consignes de sortie de jeûne, sans quoi vous pourriez irriter votre système digestif. Choisissez donc, et ce durant quelques jours, les aliments les plus légers qui soient, les moins irritants possible.

La sortie devrait se dérouler sur une période de quelques jours au moins et être proportionnelle à la durée du jeûne. Voici un menu type de sortie de jeûne. En premier lieu, préparez-vous un «potage sortie de jeûne» à l'aide d'eau et de légumes riches en cellulose. Coupez ces derniers en petits cubes en incluant quelques pommes de terre qui serviront à épaissir le tout. Faites cuire les légumes dans l'eau durant un moment; effectuez au moins un changement d'eau, préférablement deux ou trois, durant la cuisson. Ce faisant, le potage sera moins nutritif et nettement plus facile à digérer. Vous pouvez ajouter du thym, du persil ou une autre herbe aromatique, mais pas de sel. Vous pouvez manger le potage tel quel, avec les légumes en morceaux, ou le passer au mélangeur.

Après avoir consommé ce potage à quelques reprises, faites-en un nouveau, mais cette fois, ne changez pas l'eau de cuisson. À ce stade, vous pouvez aussi mettre moins d'eau, de manière à former en fait une sorte de bouillie. Avec cette soupe ou cette bouillie, vous pouvez consommer quelques crudités. Enfin, en dernière étape, continuez de manger de cette bouillie de légumes tout en réintégrant graduellement à l'alimentation du fromage léger, des fruits, etc., en prenant bien soin de vous servir des portions plus petites qu'à l'accoutumée.

RÉGIMES ET DIÈTES

Les régimes et les diètes ne servent pas uniquement à favoriser la perte de poids. Nombre d'entre eux possèdent de grandes vertus désintoxiquantes. Dans un cas comme dans l'autre, il est important de suivre les consignes à la lettre de manière à en tirer les bénéfices promis et, surtout, à ne pas mettre notre santé en péril; c'est d'autant plus vrai lorsque l'on choisit de suivre un régime sévère.

Une fois cette prudence en tête, les restrictions imposées par les diètes et les régimes peuvent entraîner des effets non négligeables du point de vue de la désintoxication. En fait, cette privation que l'on s'impose, qu'elle prenne une forme ou une autre, a un peu le même impact que le jeûne, surtout si les critères de restrictions sont sévères. Il va de soi qu'il est beaucoup plus aisé de suivre un régime ou une diète que de suivre un jeûne, et c'est pour cette raison qu'ils sont plus populaires. Ils sont aussi appréciés des gens qui n'arrivent pas à tirer profit du jeûne en raison d'un fonctionnement particulier de leur organisme qui nécessite davantage de stimulation extérieure.

À l'aide des diètes et des jeûnes, on peut arriver à se défaire des toxines qui nous habitent sans trop de mal et, aspect intéressant, en contrôlant en quelque sorte le débit de l'élimination. Ces caractéristiques s'avèrent d'un intérêt certain pour les individus qui ne présentent pas un bon état de santé général. Les personnes âgées, les malades ou les gens qui font grand usage de médicaments toxiques ont souvent tout intérêt à choisir la voie du régime ou de la diète plutôt que celle du jeûne, qui pourrait être fort éprouvant pour eux. Ceci étant dit, ces périodes de restrictions alimentaires demandent tout de même un effort à l'organisme. Ainsi, il ne faut pas s'y maintenir éternellement. Cette alimentation raisonnée ne doit durer qu'un certain laps de temps, bien déterminé. Autrement, de toute façon, elle perdrait vite toute utilité puisque le corps s'y habituerait. Rien n'empêche cependant, comme dans le cas du jeûne, de refaire quelques diètes durant l'année.

Quelques régimes

Il existe une quantité de régimes restrictifs. Ils appartiennent à deux grandes familles: les restrictions quantitatives et les restrictions qualitatives.

Dans le premier groupe, on compte notamment le **régime à trois aliments.** Comme son nom l'indique, il restreint au nombre de trois les aliments qu'il est permis de manger dans un même repas. Vous pouvez faire les combinaisons à votre guise, pour autant que vous ne dépassiez pas ce nombre. Il s'agit donc tout de même de régimes assez libres qui permettent une adaptation individuelle très flexible. Ceci étant dit, cette liberté ne le rend pas nécessairement plus facile à suivre. Quoique vous puissiez vous-même choisir les aliments que vous mangerez, n'oubliez pas que vous êtes au régime et que vous cherchez à vous libérer de toxines. Faites des choix santé!

Le **régime à basses calories** est un régime bien connu de tous. Si vous n'en avez jamais suivi, vous avez sans doute vu un de vos proches le faire à un moment ou un autre. Il s'agit donc de ce type de régime qui demande de compter les calories consommées durant la journée. Pour ce faire, vous devez vous procurer une charte présentant les calories des aliments. Mais il ne s'agit pas simplement de calculer, vous l'aurez deviné... Il est préférable de réduire aussi son apport calorique quotidien. Si vous consommez quelque 3 000 calories par jour, vous pouvez sans crainte réduire facilement celles-ci de moitié. Avant de commencer votre régime, passez donc une bonne semaine ou deux à évaluer le nombre moyen de calories que vous consommez quotidiennement.

Le **régime «pesé»** demande évidemment quelques calculs. Cette fois-ci, il s'agit plutôt de peser la quantité totale des aliments que l'on consomme durant la journée. Encore une fois, avant de commencer votre régime, il vous faudra d'abord constater le poids habituellement consommé. Sachant cela, il vous sera alors plus facile de décider quelle est la proportion que vous pouvez couper. Vous verrez à l'usage si le régime vous convient. Si vous avez été trop draconien, vous n'aurez qu'à apporter quelques modifications, jusqu'à ce que vous vous sentiez bien.

Parmi les régimes quantitativement restrictifs, on compte également la suppression volontaire de repas. Vous êtes libre de donner la forme que vous voulez à ce régime qui, en fait, se rapproche d'un court jeûne. Vous pouvez sauter un repas ou deux par jour, qu'il s'agisse du déjeuner et du dîner, ou du dîner et du souper. Faites à votre guise. En ce qui concerne le troisième repas, vous êtes aussi libre de manger ce qui vous plaît tout en vous rappelant que l'objectif visé est la santé...

Du côté des régimes qualitativement restrictifs, ce sont surtout les aliments eux-mêmes qui deviennent importants, contrairement aux régimes quantitativement restrictifs où on s'intéresse au poids, à la quantité. Les régimes à restrictions qualitatives sont encore plus nombreux que les premiers. Voici quelques exemples: les régimes hypolipidique, hypocarboné, crudivoriste, sans sel et les fameux régimes végétarien et végétalien.

Prenons d'abord le **régime hypolipidique**, qui demande d'abaisser substantiellement l'utilisation des graisses dans notre alimentation. Qu'il s'agisse d'huile végétale, de beurre, de crème, des produits laitiers en général et même du poisson et de la viande, ce régime recommande de restreindre au maximum l'utilisation de ces aliments. Il est notamment très favorable pour les personnes aux prises avec des problèmes hépatiques, mais aussi pour celles qui désirent protéger leur système cardiovasculaire.

Le **régime hypocarboné** vise, lui, à restreindre notre consommation de sucre. Les sucres dont il est question ici ne sont pas présents seulement dans les confiseries, les pâtisseries ou les autres sucreries. Le sucre qui se cache dans les pâtes, le pain, la pomme de terre, etc., est tout aussi visé par ce régime. Ne l'oublions pas, que ce soit sous une forme ou sous une autre, le sucre constitue un élément formateur de ces fameuses colles qui encombrent notre organisme. Suivre un tel régime peut donc être une façon simple d'arriver à s'en départir.

Le **régime crudivoriste**, moins connu que les deux premiers, est pourtant d'une simplicité et d'une efficacité incontestables. Pour les carnivores invétérés, il peut cependant être plus difficile à respecter. Mais, justement, ces derniers auraient plus que quiconque avantage à se payer une bonne cure sans viande à l'occasion, histoire de permettre à l'organisme de se nettoyer de toutes ces protéines. Comme son nom l'indique, le régime crudivoriste invite ceux qui le pratiquent à manger des aliments crus... Les toujours aussi carnivores penseront tout de suite à la possibilité d'intégrer un bon bifteck tartare au régime, d'autres penseront aux sushis, ces fameux et magnifiques petits morceaux de poissons crus dont les Japonais sont friands. L'un et l'autre ne sont pas interdits, puisque la règle de base est de manger des aliments crus... Mais le régime prévoit surtout l'utilisation de légumes et de fruits crus, d'œufs et de produits laitiers crus. Il s'agit donc d'un régime extrêmement santé qui ne laisse place à aucune graisse, excepté le gras contenu dans les produits laitiers. À ce chapitre, rappelons que le marché offre de plus en plus de produits très faibles en gras; on compte en effet quantité de lait, de yogourts et même de fromages ne contenant pas plus que 1 % de matières grasses.

Le **régime sans sel** ne vise évidemment pas uniquement le sel que nous ajoutons en cuisinant ou même dans notre assiette. Bien sûr, il va de soi que ce sel ajouté doit aussi être proscrit, mais en plus de celui déjà contenu dans certains aliments comme le pain, le fromage, le beurre, etc. Si vous cherchez à désengorger vos reins, vous avez ici un régime tout indiqué.

Le **régime végétarien** est fort connu et souvent pratiqué comme un véritable mode de vie par une portion de plus en plus grande de la population. Il accorde une place de choix aux légumes et aux fruits, aux céréales et aux légumineuses, et utilise particulièrement le soya sous toutes ses formes. Les végétariens incluent aussi à leur régime le lait, le fromage et les œufs, mais ils ne mangent ni viande ni poisson ou fruit de mer.

Le **régime végétalien** est très près du régime végétarien, quoiqu'il soit plus sévère encore. La seule différence entre les deux est que les végétaliens, en plus de s'abstenir de manger viande et poisson, ne consomment pas de lait, de fromage et d'œufs. Les raisons pour adhérer à l'un ou l'autre de ces régimes sont variées. Certains le font pour préserver leur santé, d'autres par amour et par respect pour les animaux.

Parmi ce grand éventail de régimes, vous finirez bien par en trouver un qui réponde à vos capacités et vos besoins. Essayez-les, adaptez-les.

Quelques régimes à un seul aliment

Les régimes que nous venons de décrire sont, en général, assez faciles à suivre. Ils permettent une alimentation relativement «normale» qui les rend accessibles à la plupart des gens. Si leur rôle n'est pas à dédaigner en matière de santé, s'ils peuvent favoriser un début de nettoyage, ils ne permettent pas toutefois de procéder à un désincrustage en règle. Pour atteindre à ce chapitre des résultats plus probants, il faut se tourner vers le jeûne, comme nous l'avons vu, ou encore vers les monodiètes. Ces diètes tout à fait particulières sont basées sur un seul et même principe très simple: comme leur nom le laisse si bien présager, les monodiètes ne font appel qu'à un seul aliment à la fois. Autrement dit, pendant tout le temps que durera la diète, on ne mangera qu'un seul et même aliment.

Dans un pareil régime, les heures de repas n'ont plus d'importance; on ne fonctionne pas selon la sacro-sainte règle des trois repas pas jour. Ici, on mange quand on a faim, quel que soit le moment de la journée. La quantité importe peu; votre faim est votre seul guide. Évidemment, comme vous mangerez beaucoup de cet aliment, assurez-vous de l'apprécier vraiment, sans quoi vous voudrez abréger votre diète... Il va de soi qu'il faut choisir un aliment santé.

Les fruits et les légumes sont plus souvent qu'autrement les grandes vedettes de ces monodiètes. Les puristes diront qu'il faut se contenter d'un seul et même aliment tout au long de la diète, mais si vous vous en sentez incapable, personne ne vous tapera sur les doigts si vous alternez chaque jour avec un deuxième aliment. Votre diète aura tout de même un impact non négligeable sur votre organisme et favorisera une évacuation certaine des toxines. Mais essayez d'abord la véritable monodiète; peut-être réussirez-vous à la poursuivre quelques jours durant sans trop de difficulté!

Parmi les monodiètes les plus connues et les plus pratiquées, on compte bien entendu la cure de raisins. La cure aux pommes est aussi très populaire, surtout lorsque celles-ci sont consommées cuites. Mais votre choix ne s'arrête pas là. Vous êtes en fait tout à fait libre d'opter pour l'aliment qui vous convient. Si vous souhaitez demeurer du côté des fruits, sachez que vous pouvez les choisir frais ou secs. Il est également possible de faire une monodiète aux noix ou aux amandes, par exemple.

Si vous vous sentez plus à l'aise d'opter pour un légume, utilisez-le sous la forme qui vous sied le mieux: cuit ou cru, c'est sans importance. Rien ne vous empêche non plus de faire une monodiète à base de céréales; le riz est souvent utilisé à cette fin.

Sachez enfin que certains préfèrent se tourner vers des monodiètes sous forme de jus. Si la formule vous plaît, voici les options qui s'offrent à vous. D'abord, comme c'est le cas pour les autres formes de monodiètes, vous pouvez choisir parmi tous les fruits et les légumes celui ou ceux qui vous conviennent. Pour une diète plus stricte, faites vos jus à base d'un seul fruit ou d'un seul légume, mais rien ne vous empêche de faire des mélanges qui vous plaisent. Idéalement, vous concocterez vos jus à l'aide d'une centrifugeuse. Si vous n'en avez pas, sachez que le commerce offre quantité de jus santé qui ne contiennent ni sel, ni sucre, ni additif aucun — ce sont évidemment ceux-là que vous devrez choisir.

Si vous optez pour un jus de légumes, rien ne vous empêche de le prendre chaud, dans un bol, de manière à vous faire accroire que vous êtes en train de consommer une soupe. Cette impression de manger vous satisfera peut-être davantage...

Côté fruits, la monodiète au jus de citron est particulièrement populaire. Le citron est reconnu pour être un puissant nettoyant; il entraîne sur son sillage quantité de toxines et les dirige vers les émonctoires. Comme il est difficile de boire du jus de citron pur, on peut sans problème le mélanger à de l'eau avant de l'ingurgiter. Habituez-vous progressivement en commençant par de petites quantités de jus. Au début, contentez-vous du jus d'un demi-citron et augmentez progressivement jusqu'à consommer le jus de 8 à 10 citrons par jour. Évidemment, le côté acide de cet agrume ne plaira pas à tous les organismes, surtout s'il constitue tout ce dont ce dernier a à se mettre sous la dent pendant plusieurs jours. Pour rendre plus tolérable le jus de citron, rien ne vous empêche d'en faire une cure tout en continuant à manger normalement. Si vous constatez tout de même l'apparition ou l'aggravation de symptômes, songez à utiliser un autre fruit ou un autre jus pour votre monodiète. Si vous tolérez bien le citron, il y a de bonnes chances que vous notiez bientôt une grande amélioration de votre état.

LE CATAPLASME D'ARGILE

L'argile est un produit santé par excellence. On s'en sert depuis la nuit des temps pour toutes sortes de raisons et de différentes manières.

L'argile utilisée en cataplasme a la propriété d'évacuer les déchets, les toxines de tout acabit qui contrecarrent le bon fonctionnement de l'organisme. On pourrait être tenté de croire qu'elle ne réussit à attirer vers la sortie que les déchets se trouvant en surface. Certes, effectivement, au niveau de la peau, c'est une substance tout à fait indiquée. Mais son action se poursuit beaucoup plus loin encore. L'argile peut servir d'agent désincrustant pour des zones beaucoup plus profondes de l'organisme. En fait, le principe est le suivant: en permettant aux déchets de surface de sortir du corps, l'argile laisse ainsi la chance à ceux qui sont incrustés dans les profondeurs de l'organisme de se mouvoir plus aisément et d'atteindre à leur tour la sortie.

Cependant, l'utilisation des cataplasmes d'argile, pour être vraiment efficace, doit se faire sur une base régulière. Une seule application ne suffit pas, loin de là. Des applications quotidiennes pendant au moins quelques jours peuvent favoriser la disparition de divers maux et symptômes. Lorsque l'on traite de petites zones à la fois, il est même possible de répéter le traitement à quelques reprises durant la journée. En ce qui concerne les opérations plus étendues, il est toutefois préférable de s'en tenir à une seule par jour.

La durée totale du traitement à l'argile est aussi très variable. Pour des maux plus importants, le traitement pourra durer facilement quelques mois alors que des symptômes bénins pourront disparaître après quelques applications seulement.

Procurez-vous d'abord de l'argile à la pharmacie ou à votre magasin d'aliments naturels. Retenez que l'argile verte est jugée par plusieurs comme étant encore plus efficace que la blanche. Si vous n'en trouvez pas, la blanche fera tout à fait l'affaire. Munissez-vous d'un bol de verre ou de plastique dans lequel vous déposez une bonne quantité d'argile et un peu d'eau. Laissez le tout reposer ainsi une bonne heure sans brasser. Après ce laps de temps, l'argile devrait être bien humidifiée et avoir l'apparence d'une pâte de consistance assez épaisse. Vous êtes maintenant prêt à passer à l'action: étendez sur la partie du corps de votre choix cette pâte que vous venez de concocter. Contournez les petites blessures, si vous en avez. Certains préfèrent aussi recouvrir de gaze les endroits plus poilus et étendre l'argile sur ce dernier plutôt que directement sur la peau.

Pour l'étendage, servez-vous simplement de vos mains ou, si vous préférez, d'une spatule de bois. Lors de vos premières applications, n'étendez qu'une légère couche d'argile qui ne dépassera pas 0,5 cm. Au fur et à mesure des applications, vous pouvez augmenter leur épaisseur jusqu'à atteindre environ 3 cm, et même 4 cm. Plus les applications seront épaisses, plus les résultats seront probants.

Le cataplasme dont il est question ici est fait d'argile et d'eau à la température de la pièce, mais il pourrait tout aussi bien être chaud. Si, par exemple, lors d'une première application, vous vous apercevez que vous avez froid et que vous ne parvenez pas à vous réchauffer, il vous faudra à l'avenir abandonner l'utilisation du cataplasme froid au profit d'un cataplasme chaud. Pour ce faire, il ne s'agit simplement que de faire chauffer la pâte au bain-marie. Si toutefois vous tolérez bien le cataplasme froid, privilégiez-le pour traiter vos régions inflammées. L'effet sera alors nettement plus notable. Il faut savoir aussi que le simple contact entre votre corps et l'argile fera varier la température de celle-ci. À l'occasion et chez certaines personnes, il reste froid; à d'autres moments, il peut devenir tellement chaud qu'il devient insupportable. Dans ce cas, il ne faut pas hésiter à retirer au plus tôt le cataplasme. De toute façon, s'il en est ainsi, c'est qu'il est chargé de toxines, aussi vaut-il mieux le retirer, quitte à en remettre un nouveau.

La durée d'une application peut varier fortement d'une personne à une autre et selon les maux ou les symptômes sur lesquels on cherche à intervenir. Dans certains cas, l'application ne durera que de trente minutes à une heure; dans d'autres, elle pourra se prolonger jusqu'à trois ou quatre heures. Pour un désincrustage en profondeur, certaines personnes peuvent passer une nuit entière avec un cataplasme d'argile. Vous êtes le meilleur juge pour ce qui est de la durée de cette application. Rappelez-vous seulement que tant que vous serez à l'aise, il n'y a pas de problème. Si toutefois l'inconfort vous gagne, n'hésitez pas à retirer le cataplasme sur-le-champ. Pour ce faire, rien de plus simple. Habituellement, lorsque l'argile a durci, elle se retire facilement, tout d'un bloc. Il peut arriver cependant que l'argile reste collée à la peau; en frottant un peu sous la douche, avec un gant de crin, vous parviendrez facilement à en détacher toutes les particules.

Quelle que soit la durée de l'application, un fait demeure indéniable: l'argile gorgée de déchets doit absolument être jetée; elle ne doit dans aucun cas être réutilisée.

LA CURE À L'ARGILE

En plus d'être utilisée sous forme de cataplasmes, l'argile peut aussi être bue. Assurez-vous, avant d'entreprendre une pareille cure, que l'argile que vous avez sous la main peut être prise par voie interne. Pour ce faire, on ajoute simplement 5 ml (1 c. à thé) d'argile dans un verre d'eau et on brasse le tout. Pour plus d'efficacité, il est recommandé de boire cette boisson le matin, avant même de manger, et de tenir ce régime durant une période de trois semaines. Les déchets ainsi délogés prendront la voie des intestins et, ultimement, des selles. Si le traitement entraîne de la constipation chez vous, vous n'avez qu'à recréer l'équilibre intestinal à l'aide de tisanes laxatives. Si vous savez que vous avez tendance à présenter facilement ce genre de problème, pourquoi ne pas tout de suite, dès le début du traitement, intégrer de pareilles tisanes à votre régime? Il vaut toujours mieux prévenir que guérir...

LE CATAPLASME DE CHOU

Le cataplasme de chou est tout aussi connu et populaire que le cataplasme d'argile. Bien des femmes qui allaitent leurs enfants connaissent les vertus aspirantes des feuilles de chou: lorsque leurs seins deviennent trop lourds, trop gorgés de lait, parce que la demande est moins forte que la production, par exemple, ceux-ci peuvent devenir extrêmement douloureux; en appliquant des cataplasmes de feuilles de chou sur leurs seins, elles se sentent beaucoup mieux après peu de temps, car leurs seins sont désengorgés. Le même principe peut se reproduire à l'échelle de tout le corps et favoriser la guérison de nombreux malaises et maladies. C'est d'abord et surtout ses vertus aspirantes qui confèrent au chou autant d'intérêt. Mais son action ne s'arrête pas là. Puisqu'il est riche en vitamines et en minéraux, son application sur la peau permet de transférer ces éléments essentiels au sein même de l'organisme, qui s'en enrichit. Les feuilles de chou sont donc indiquées pour effectuer un nettoyage en profondeur tout autant que pour nourrir l'organisme carencé.

Pour faire un cataplasme de feuilles de chou, choisissez les plus belles feuilles et lavez-les soigneusement. Il est recommandé de retirer les nervures qui sillonnent les feuilles, surtout les plus grosses, car elles peuvent s'avérer douloureuses. Pour permettre aux feuilles de ramollir, il suffit de les laisser tremper dans de l'eau chaude durant quelques minutes. Ensuite, à l'aide d'un rouleau à pâte, on roule les feuilles de manière à casser les nervures restantes. Après cette opération, les feuilles sont très souples; il suffit alors de les appliquer là où l'on souhaite les voir agir.

Comme dans le cas des cataplasmes d'argile, la durée de l'application est très variable et il est, du reste, possible de répéter l'opération plusieurs fois de suite. Commencez par de fines couches de feuilles puis, progressivement, augmentez l'épaisseur du cataplasme. Vous constaterez que plus vos cataplasmes sont épais, plus ils sont efficaces.

LA BALNÉOTHÉRAPIE

Dans la balnéothérapie, le bain est transformé en art thérapeutique. Certes, il est reconnu pour nettoyer et adoucir la peau, mais il active également la circulation sanguine et entraîne une importante relaxation musculaire ainsi qu'une détente physique et physiologique. Il désintoxique aussi l'organisme et le stimule. L'eau a par ailleurs le pouvoir de nous débarrasser de l'électricité statique qui interfère avec notre propre électricité.

Le bain peut aussi soulager certaines douleurs, comme celles reliées à l'arthrite, à l'arthrose et aux rhumatismes, et aider à prévenir les rhumes et les grippes saisonniers. Évidemment, si on double l'effet de l'eau et de sa chaleur par l'utilisation d'essences de fleurs, notre bien-être s'en trouvera également doublé. Pour pouvoir véritablement compter sur les effets du bain chaud, il est toutefois bon de s'y plonger une bonne demi-heure. Ne croyez pas pouvoir vous débarrasser de votre stress ou de vos toxines et régénérer votre organisme en vous sauçant quelques petites minutes entre deux urgences!

Les bains très chauds peuvent aussi désincruster l'organisme en profondeur. La chaleur de l'eau du bain fait inévitablement monter celle du corps et, ce faisant, entraîne en quelque sorte de la fièvre, qui à son tour invite les déchets et les toxines en tout genre à quitter le corps. Du reste, cette fièvre a la capacité de dégrader ces plus gros déchets dont nous avons déjà parlé et qui sont plus difficilement expulsables. C'est ainsi que le bain hyperthermique permet un désincrustage en profondeur. Ce désincrustage sera aussi facilité par le fait que l'eau très chaude dilate les vaisseaux, augmente la circulation sanguine et provoque la sudation aussi bien pendant le bain qu'après.

Ne faites pas l'erreur de beaucoup en préparant une eau si chaude qu'ils ne réussissent pas à y entrer avant que la température ait considérablement redescendu. Faites plutôt couler l'eau du bain à la température à laquelle vous êtes habitué. Puis, une fois que vous baignez dans l'eau, rajoutez graduellement de l'eau chaude jusqu'à ce que vous jugiez que vous avez atteint le maximum que vous êtes en mesure de supporter. Quoique cette température varie passablement d'une personne à l'autre, elle se situe généralement entre 39 °C et 42 °C. Il faut en fait que vous vous y sentiez bien au chaud, sans toutefois vous brûler ou vous sentir mal.

Prenez votre bain à la même température durant quelques jours, puis augmentez la chaleur d'un seul degré à la fois; au bout de quelques jours encore, cherchez à gagner encore un degré, etc. Si vous n'atteignez pas les 42 °C, ne vous en faites pas. Vous n'êtes pas seul. Mais comme la chaleur de votre bain est moins élevée, vous pouvez compenser en prenant des bains de plus longue durée. Ainsi, au lieu de prendre un bain de quinze minutes, restez-y plutôt une bonne demi-heure. De cette façon, votre organisme finira par bénéficier tout autant des vertus de la chaleur.

Pour bénéficier au maximum des bienfaits du bain, il faut par ailleurs penser à y entrer doucement de manière à ne pas brusquer la peau. Si vous pénétrez tout de go dans une eau très chaude, les pores de votre peau risquent de se refermer, ce qui rendra difficile l'évacuation des toxines. Voilà donc une autre bonne raison de réchauffer doucement l'eau du bain une fois que vous vous y trouvez déjà.

Pour sortir de l'eau, il faut encore agir en douceur et calmement afin de permettre à l'organisme de reprendre son rythme normal. Idéalement, vous devriez prendre le même temps à récupérer que vous avez pris dans le bain même. Ce moment de repos que vous prendrez bien emmitouflé vous permettra, en outre, de continuer le nettoyage des toxines, par le phénomène de la sudation.

Il n'y a pas de contre-indication quant à la fréquence de ces bains. Si le cœur vous en dit et que le temps vous le permet, rien ne vous empêche de vous en offrir un tous les jours. Si, par contre, votre horaire est serré et que vous êtes plutôt du type douche, essayez alors de faire une cure de bains à quelques reprises durant l'année. Comme cette cure peut prendre différentes formes, vous pouvez en élaborer l'horaire à votre guise. À titre d'exemple, vous pourriez prendre un bain aux trois jours durant trois mois. Mais n'oubliez pas; la règle à suivre dans ce type de cure se résume en un mot: progressivement.

LE BAIN AUX ALGUES MINÉRALISANTES

Les algues minéralisantes ont le pouvoir, bien sûr, de reminéraliser mais aussi d'éliminer les toxines, notamment.

Profitez des vertus du bain pendant environ trente minutes. En sortant, reposez-vous une trentaine de minutes au moins avant de reprendre vos activités.

LA CURE D'EAU

La cure d'eau, pour être vraiment efficace, doit se faire uniquement avec de l'eau distillée. Les gens qui ont du mal à s'imaginer ne pas manger seront heureux d'apprendre qu'ils peuvent très bien effectuer cette cure tout en continuant à s'alimenter normalement. Ici, il n'est absolument pas question de jeûne. Ceci étant dit, la cure d'eau n'est pas pour autant des plus faciles à pratiquer.

En fait, c'est que pour noter des résultats probants, il faut boire d'importantes quantités d'eau. Ainsi, ceux qui ont déjà du mal à absorber le litre (les 4 tasses) d'eau généralement conseillé dans la vie courante auront certainement beaucoup de difficulté à réaliser cette cure, qui demande de boire un peu plus de 3 litres (12 tasses) d'eau par jour. Bien sûr, cette quantité d'eau est répartie sur toute la journée, mais il n'en demeure pas moins qu'il faut boire quelque 500 ml (2 tasses) d'eau toutes les 3 heures. Cela ne paraît peut-être pas énorme, mais il faut le faire pour se rendre compte que ce l'est. D'ailleurs, il n'est pas rare de voir des gens abandonner la cure parce qu'ils n'arrivent pas à tenir le rythme.

Pour vous y aider, et comme c'est le cas pour d'autres méthodes décrites dans ce livre, donnez le temps à votre organisme de s'habituer. Avant de vous lancer dans la cure véritable, commencez chaque jour à boire un peu plus d'eau qu'à l'accoutumée; puis, progressivement, augmentez votre consommation quotidienne Encore une fois, si vous n'y arrivez pas, ce n'est pas la fin du monde. Dites-vous bien que, quelle que soit la quantité d'eau que vous aurez bue, elle aura sûrement été bénéfique.

Mais pour que cette cure vous offre le maximum de ses bienfaits, elle doit durer quelques semaines; selon les individus et l'organisme propre à chacun, elle peut varier entre trois et dix semaines, environ. Toute cette eau a pour effet de nettoyer l'organisme, en commençant par le sang, puis elle continue son action encore plus en profondeur.

L'ACTIVITÉ PHYSIQUE EXIGEANTE

L'activité physique, même légère, est déjà en soi un plus incontestable pour atteindre et maintenir la santé. Mais lorsque nous redoublons les efforts, nous redoublons aussi nos chances d'avoir un organisme sain et en pleine possession de ses moyens. En nous activant intensément, nous donnons toutes les chances aux déchets qui nous habitent d'être expulsés hors du corps. Cette technique simple et à la portée de tous permet d'atteindre les toxines enfouies au plus profond de l'organisme, allant même jusqu'à déloger celles qui sont non circulantes. Mais on parle ici d'efforts véritables, comme celui déployé pour courir pendant de longues minutes, pour tenir un rythme soutenu sur son vélo pendant des kilomètres, pour faire plusieurs longueurs de piscines, etc.

Chapitre 4

ALIMENTATION DÉSINTOXIQUANTE

Un des désavantages que la vie moderne a entraîné dans son sillage, c'est l'appauvrissement considérable de notre alimentation. Pourtant, paradoxalement, nous sommes conscients plus que jamais de l'importance capitale d'une saine nutrition au chapitre de la santé.

L'ère industrielle a entraîné des changements de mentalité profonds qui perdurent malgré notre connaissance et notre conscience. Plus tard, l'arrivée des femmes sur le marché du travail n'a rien fait pour arranger les choses, quoiqu'il ne soit nullement question ici de remettre en cause ce changement de société qui a permis aux femmes de prendre une place qui leur revenait et de s'épanouir à leur pleine mesure. Sauf que le temps disponible consacré à la préparation des repas s'est vu grandement diminué, car les hommes n'y ont pas pour autant mis la main à la pâte. Les mets préparés, en boîtes, congelés, transformés, etc., ont encore eu une belle occasion de se retrouver en grand nombre dans les paniers d'épicerie!

Pour compenser nos manques, nous avons adopté religieusement les vitamines synthétiques, espérant trouver là notre salut. Puis, lorsque le temps nous manque carrément, nous nous tournons sans l'ombre d'un remords vers ces «repas» complets sous forme de tablettes.

Au bout du compte, nous sommes fatigués, épuisés, exténués, et nous nous demandons sans cesse comment nous ferons pour terminer la semaine, pour nous rendre aux prochaines vacances.

Si seulement nous pouvions percevoir à quel point notre alimentation est déficiente, à quel point le manque d'aliments naturels et les excès de produits chimiques, dénaturés, sans vie sont en liaison étroite avec notre état général, peut-être serions-nous plus enclins à investir quelques efforts de ce côté. Il nous faut, pour retrouver la forme et l'entrain, désintoxiquer notre corps, faire sortir toutes les toxines que nous lui infligeons quotidiennement depuis des décennies.

Pour ce faire, il faut opter au maximum pour les valeurs sûres en matière d'alimentation, soit les aliments naturels: les fruits, les légumes, les céréales, d'abord et surtout. Plus nous les mangerons crus et à l'état naturel, donc sans sucre, sans agent de conservation, sans sel, sans colorant, plus nous pourrons bénéficier de leur force énergétique.

Souvent, les gens croient manger de bonnes céréales pour la santé; ils les considèrent comme «naturelles». Mais il faut apprendre à regarder de très près les étiquettes de tous les produits vendus en magasin. Vous serez étonné de constater à quel point les céréales que vous imaginiez tout à fait «naturelles» sont remplies de sucre, quand elles ne sont pas faites que de cela!

Si vous n'avez pas à vous inquiéter de votre ligne, peut-être croirez-vous que cette mise en garde concernant le sucre ne vous regarde pas. Mais le sucre n'est pas seulement en cause sur le plan de l'embonpoint ou de la carie dentaire. Il est mauvais pour la santé en général, et ce, à plusieurs titres; c'est presque l'ennemi public numéro un. N'oublions pas, d'abord, qu'il est directement impliqué dans le développement du diabète, maladie grave que nous devons traîner et traiter toute notre vie une fois que nous en sommes atteints.

Selon des études récentes, le sucre jouerait aussi un rôle important dans le développement des maladies cardiovasculaires (au même titre que le gras) ainsi que dans l'émergence de certains cancers, comme celui du côlon. Lire les étiquettes et opter pour des produits et une alimentation sans sucre sont donc des étapes primordiales dans le cadre d'une désintoxication en profondeur de l'organisme.

Il ne faut pas oublier, du reste, que le sucre ne se cache pas seulement dans des aliments transformés ou dans les confiseries, mais également dans certains légumes, comme la pomme de terre, et même dans le riz.

CHOISIR ET JUGER

Il est bien vrai que si l'on écoutait toutes les recommandations santé que les médias nous transmettent, si l'on analysait toutes les études, on finirait par croire, au bout du compte, que l'on ne peut plus rien manger sans se rendre malade. De toutes les informations qui nous proviennent aisément aujourd'hui et en grand nombre, nous n'avons d'autre choix que de faire un tri, que de choisir ce qui nous semble le plus logique, le plus réaliste pour nous et le plus profitable.

À travers toute cette cacophonie d'informations, un fait demeure cependant: plus on se tient près de la nature, moins on court de risque de s'intoxiquer et d'interpeller, à moyen ou à long terme, la maladie. Mais encore là, la nature a ses pièges, en fait, des pièges tendus par l'homme lui-même.

Par souci de produire en plus grande quantité de meilleurs fruits et légumes, les hommes ont cru bon un jour de faire intervenir dans leur culture des insecticides et des pesticides de tout acabit. Et c'est sans compter tous ces gaz utilisés durant le transport pour faire mûrir des fruits qui n'avaient pas atteint leur maturité au moment de la cueillette: des produits hautement toxiques servent à nous façonner des fruits et des légumes parfaits en apparence. On nous dit que simplement en les lavant avant de les manger, on peut faire disparaître toute trace de ces produits. Mais les peaux de fruit ne sont ni de latex ni de béton: elles sont poreuses; ce faisant, il y a de grands risques que ces substances nocives les traversent aisément pour atteindre la chair que nous ne pouvons laver et que nous mangeons!

Aussi, si votre souhait est de vous tenir le plus loin possible des substances chimiques et toxiques, devriez-vous vous tourner vers les produits certifiés biologiques. Ils sont évidemment plus chers que les autres, plus rares aussi, quoiqu'ils commencent à être beaucoup plus répandus. La demande est là.

Si vous avez par ailleurs l'occasion de compter sur un petit lopin de terre, pourquoi n'envisageriez-vous pas de cultiver votre propre potager? Vous ne serez jamais aussi convaincu de la qualité des produits que vous aurez à vous mettre sous la dent en plus d'économiser énormément.

CHOISIR LE MIEL AU LIEU DU SUCRE RAFFINÉ

Revenons un peu sur le sucre, produit associé au plaisir, voire à la récompense, depuis le plus jeune âge jusqu'au dernier. Pour certains, il peut être extrêmement difficile de s'en passer. Ceux-là, s'ils sont par ailleurs conscients des ravages causés par le sucre dans leur organisme et souhaitent tout de même porter une attention particulière à leur santé, pourraient tirer avantage à se tourner vers le miel.

Le miel est un aliment santé reconnu depuis les temps anciens pour ses multiples vertus. En plus d'être antiseptique, il est aussi énergisant tout en étant calmant. Certains le disent même anticancérigène. Pour pouvoir tirer le maximum des bénéfices que peut apporter le miel, il faut cependant s'assurer de consommer celui qui n'est pas pasteurisé. La pasteurisation le prive de ses éléments actifs dont votre santé a besoin. Ce premier changement dans votre alimentation représentera déjà un bon début.

Sachez aussi que le pollen et la gelée royale représentent des éléments nutritifs non négligeables, tout à fait naturels, qui gagnent à figurer dans un régime sain et équilibré à l'abri des toxines. Notamment très riche en protéines, le pollen peut aider à diminuer notre consommation de viande. On peut le diluer simplement dans une cuillerée de miel ou le mélanger à du yogourt, par exemple.

LES ALIMENTS PARTICULIÈREMENT DÉSINTOXIQUANTS

Notre hygiène de vie, même lorsque nous y attachons une certaine importance, ne suffit pas à nous mettre complètement à l'abri des toxines. Par une voie ou par une autre, ces indésirables qui sommeillent sournoisement en nous finissent toujours par envahir notre organisme. Pour s'assurer de maintenir la santé à long terme et retrouver à court terme énergie et vitalité, rien de mieux que de mettre à profit ces aliments particulièrement désintoxiquants que la nature met généreusement à notre disposition. Manger souvent de ces aliments est déjà une bonne habitude en soi. De cette manière, nous nous assurons de bénéficier de leurs principes naturels, des sels minéraux et des vitamines qu'ils renferment. Mais les prendre sous forme de jus nous assure encore de bien meilleurs résultats en rendant les principes vitaux davantage assimilables.

Par ailleurs, quelques personnes ont du mal à digérer certains de ces aliments. Une fois transformés en jus, ils seront beaucoup plus facilement digestibles dans la plupart des cas. Enfin, les jus permettent de nous approprier une quantité impressionnante d'éléments nutritifs dans un seul verre, alors qu'il faudrait manger des quantités astronomiques de fruits et de légumes pour atteindre le même ratio.

Les fruits et les légumes énumérés ci-après possèdent bien plus de qualités encore que celles qui y sont mentionnées. Seulement, puisque nous nous intéressons ici à la désintoxication de l'organisme, j'ai fait ressortir les vertus qui allaient dans ce sens. En consommant régulièrement de ces aliments et de ces jus, vous aiderez notamment votre organisme à éliminer les toxines qui vous habitent.

Ail
Dépuratif, c'est-à-dire qu'il purifie le sang et l'organisme entier en éliminant les toxines présentes dans l'organisme.

Artichaut
Purificateur du sang.

Betterave
Diurétique et laxative.

Carotte
Diurétique et dépurative. Indiquée dans les cas de maladies du foie.

Céleri
Utile dans les cas de maladies du foie, de l'appareil urinaire et des reins.

Cerfeuil
Dépuratif, diurétique, laxatif.

Cerise
Diurétique et dépuratif puissant.

Citron
Diurétique; il aide aussi à dissoudre les impuretés présentes dans l'organisme.

Cresson
Diurétique, dépuratif, laxatif.

Oignon
Diurétique puissant.

Pêche
Diurétique et laxative.

Poire
Diurétique, dépurative, laxative.

Pomme (jus de)
Désinfectant intestinal.

Raisin
Diurétique, laxatif.

Chapitre 5

LE CHARDON-MARIE

Parmi toutes les plantes médicinales que la nature nous offre, il y en a une qui s'avère tout particulièrement intéressante en matière de désintoxication. Il s'agit du chardon-Marie. Comme quantité d'autres, cette plante a été utilisée durant des siècles de par le monde, mais c'est plus récemment qu'elle a repris ses lettres de noblesse grâce à des recherches allemandes fort concluantes. Depuis, des centaines d'études sont venues confirmer les extraordinaires vertus désintoxiquantes de cette plante, surtout en ce qui concerne le foie.

Ce sont surtout les graines de ce chardon qui peuvent être d'un grand secours auprès de tous ceux qui ont le foie empoisonné pour toutes sortes de raisons. Nous n'en avons pas toujours conscience, mais nombre d'entre nous ont le foie envahi de toxines en tout genre provenant de toutes sortes d'horizons.

D'abord, tous les produits chimiques que nous respirons et que nous avalons représentent à eux seuls une importante source de toxines contre lesquelles notre foie doit combattre quotidiennement. Si nous ajoutons à cela de bonnes doses d'alcool et de médicaments chimiques, nous réunissons tout ce qu'il faut pour créer un cocktail explosif.

En étant ainsi durement attaqué durant des années, le foie finit bien évidemment par souffrir, par présenter des lésions contre lesquelles la médecine traditionnelle ne peut pas grand-chose. À part la médication et la transplantation, les solutions sont bien minces. C'est pourquoi le chardon-Marie répond à un véritable besoin et de façon très efficace.

D'abord, cette plante a la propriété de nous débarrasser de ces dangereuses toxines avant qu'elles causent trop de grabuge à notre organisme. C'est déjà en soi d'un intérêt certain. Mais l'action du chardon-Marie ne s'arrête pas là. Il a aussi la capacité de restructurer les tissus du foie, de régénérer les cellules, de leur redonner une seconde chance, quoi!

Mais inutile d'attendre d'avoir le foie lourdement endommagé pour avoir recours à cette plante extraordinaire. Si vous vous savez exposé à des polluants ou à des produits toxiques, de par votre travail ou votre environnement, cette plante est tout indiquée pour vous.

Si elle peut être d'un grand secours pour traiter les problèmes une fois qu'ils ont déjà fait des ravages, elle peut donc aussi être une bonne source de prévention. Évidemment, dans les deux cas, la dose quotidienne ne sera pas la même. Si vous l'utilisez en prévention, 280 mg par jour est la posologie habituellement recommandée. Si vous en faites un usage thérapeutique, il vous faudra plutôt opter pour une dose plus importante, soit quelque 420 mg par jour.

Même si vos problèmes de foie ont pour origine une consommation excessive ou encore modérée d'alcool, le chardon-Marie peut vous être d'un grand secours. Sachez que cette plante est utilisée en Allemagne, sous approbation gouvernementale, pour participer au traitement de cirrhoses, notamment.

Des études ont permis de constater des améliorations significatives dans l'état de santé de patients présentant des lésions hépatiques causées par l'abus d'alcool après seulement sept jours de traitement au chardon-Marie. Dans le cas de cirrhoses, ces effets bénéfiques ont pu se faire sentir après deux mois de traitement. Dans les cas graves et avancés de cirrhoses, le chardon-Marie n'arrive pas à faire régresser la vapeur, mais il peut ralentir la progression. Des études ont démontré d'ailleurs que les personnes atteintes de cirrhoses et qui prennent du chardon-Marie vivent plus longtemps que celles qui n'en prennent pas. Rappelons que la médecine traditionnelle ne peut pas grand-chose, encore aujourd'hui, face à une telle maladie.

Devant l'hépatite, la science médicale se trouve tout aussi dépourvue. Le chardon-Marie peut toutefois venir en aide aux personnes qui en souffrent, et ceci, peu importe l'origine de la maladie, et peu importe qu'il s'agisse d'hépatite B ou C. Le traitement s'avère cependant plus long; selon les cas, il peut être nécessaire de le poursuivre sur une période variant entre six mois et un an.

Par ailleurs, si vous êtes un grand consommateur d'acétaminophène (Tylenol), sachez que vous faites la vie dure à votre foie. Mais ici encore, le chardon-Marie peut intervenir efficacement pour minimiser et même réparer les dégâts que vous faites ainsi subir à cet organe. Ce qui rend le chardon-Marie encore plus intéressant, c'est qu'il ne présente à peu près pas d'effets secondaires, et lorsqu'ils se manifestent, soit chez à peu près 1 % des utilisateurs, ces effets sont très légers.

Il peut arriver que le chardon-Marie ait un effet laxatif les premiers jours de traitement et que ses utilisateurs ressentent de légers troubles de la digestion, rien de plus.

Chapitre 6

LES ONDES

Quiconque est le moindrement attentif à la vie qui l'entoure, et particulièrement à celle de la nature, saura affirmer sans mal que les cycles de la Lune ont un effet indéniable sur les êtres humains. La science reconnaît depuis longtemps les effets de la Lune sur la nature, sur les marées, par exemple, mais plus souvent qu'autrement, elle nie encore aujourd'hui que ces effets se répercutent aussi chez les hommes. Pourtant, depuis la nuit des temps, la croyance populaire persiste et signe. C'est d'ailleurs sur cette base que l'astrologie s'explique, sur le fait que les astres ont des influences sur nous. Ainsi, il n'y aurait pas que la Lune qui saurait nous influencer, mais aussi la Terre, tout comme les autres planètes. Les ondes émises par la Lune ou la Terre n'influencent pas seulement notre humeur, mais aussi notre corps. Ces ondes peuvent aussi bien être bénéfiques que destructrices. Voilà pourquoi il est primordial de s'y intéresser.

D'ailleurs, les scientifiques eux-mêmes commencent à y regarder de plus près, avec moins de préjugés qu'auparavant. C'est notamment la recherche sur le cancer qui les y a emmenés. Déjà en 1979, un médecin français, intrigué par un fort taux de cancer dans un petit quartier d'une région de France, fit entreprendre des recherches géophysiques espérant trouver là une réponse qu'il ne trouvait pas ailleurs. Les résultats indiquèrent que le sous-sol du quartier présentait un fort taux de rayons gamma.

Au moins une autre étude a pu démontrer que lorsque les rayonnements émis par la Terre sont insuffisants dans une région ou un quartier donné, les habitants de ces lieux sont plus enclins à développer une déficience immunitaire. Ils vivent alors ni plus ni moins une carence électromagnétique capable d'entraîner des changements importants sur le plan biologique. Une telle carence peut notamment provoquer un rétrécissement des tissus et des organes, et carrément diminuer l'espérance de vie. Certains chercheurs croient donc aujourd'hui que l'endroit où est située notre maison peut être à l'origine de certains cas de cancers.

Il n'y a pas lieu de paniquer, seulement d'être à l'affût. Toutefois, n'attendez pas qu'une partie de la maisonnée soit emportée par le même type de cancer avant de penser à ce que vous venez de lire. Dès le deuxième cas diagnostiqué, posez-vous quelques questions. « Et si notre maison était située sur un lieu de pollution électromagnétique?» Évidemment, vous aurez du mal à vous en assurer. La machinerie disponible à ce jour pour détecter ce genre de choses n'est pas très efficace, pas plus d'ailleurs que celle qui prétend neutraliser les ondes nocives. Si vous avez des doutes, seul votre instinct saura vous guider. S'il vous recommande de déménager, peut-être devriez-vous l'écouter!

Par ailleurs, les avis sont partagés sur les effets réels que peuvent avoir sur notre santé notre contact quotidien avec nos fours à micro-ondes, nos ordinateurs, nos téléphones cellulaires, les lignes à haute tension, etc. Mais ce qu'il faut savoir, c'est qu'il y a des gens issus de plusieurs disciplines qui croient vraiment que ce contact recèle des dangers pour la santé. D'ailleurs, nous sommes souvent invités, par divers articles ou campagnes d'information, à nous tenir éloignés de notre micro-ondes pendant qu'il est en action. De plus en plus, le téléphone cellulaire est aussi mis en cause dans les cas de développement de cancers au cerveau. On nous recommande de prendre des pauses fréquentes lorsque nous travaillons devant un ordinateur.

Il faut prendre ces informations et ces recommandations au sérieux; l'Organisation mondiale de la santé (OMS) a d'ailleurs mis au jour quantité de symptômes que peut entraîner l'électromagnétisme. Cette liste comprend les maux de tête, l'irritabilité et même l'agressivité. Elle parle aussi de dérèglement du cycle menstruel aussi bien que de fausse couche, d'avortements, voire de malformations chez le fœtus. Elle fait également mention de baisse de l'appétit sexuel, d'insomnie et de diminution de la vitalité. Elle va même jusqu'à parler de problèmes cardiovasculaires et de risques accrus de développer une leucémie.

De plus, des études françaises et américaines ont prouvé le lien entre l'électromagnétisme et certaines formes de mutations cancérigènes. Comment tout cela est-il possible? *Grosso modo*, toutes ces ondes électriques viennent perturber notre propre système bioélectrique, qui se trouve devant l'obligation de réagir, de s'adapter aux ondes électriques venant d'ailleurs. Et cette adaptation n'est pas toujours heureuse.

Mais comment faire pour nous assurer de minimiser le plus possible l'impact de ces instruments modernes sur notre santé? Selon l'objet dont il est question, plusieurs options s'offrent à nous. Comme il faut bien vivre avec son temps, on ne peut reléguer aux oubliettes tout ce que la modernité nous a apporté. Je ne vous conseillerai donc pas de vous débarrasser de tous ces appareils qui vous facilitent la vie, ne craignez rien. Seulement, voici quelques recommandations qui vous permettront de bénéficier des avantages que ces instruments vous apportent tout en subissant le moins de désavantages possible. Il ne s'agit pas encore ici de désintoxication, mais plutôt de prévention. Dans le domaine de la santé, il est toujours préférable de débuter par la prévention. Lorsque l'on corrige, que l'on soigne, que l'on désintoxique, c'est que le mal a déjà été fait, et bien fait! Tâchons donc d'abord d'éviter les dégâts.

PRUDENCE!

Si vous vivez près d'une ligne à haute tension ou que vous envisagez d'acheter une maison dans un tel environnement, rappelez-vous d'abord que ce n'est peut-être pas la meilleure idée qui soit. Certaines études, dont les résultats ne sont toutefois pas partagés par tous les scientifiques, tendent à indiquer que les ondes électromagnétiques émises par ces lignes peuvent avoir des effets sur votre santé. Vos maux de tête récurrents autant que votre eczéma ou votre dépression nerveuse pourraient trouver là leur origine; la leucémie de votre voisin, peut-être aussi. En ce sens, les gens qui travaillent sur ces lignes seraient, davantage que les autres, portés à développer ce type de cancer.

Si le déménagement ne vous enchante pas, vous pourriez relier les objets métalliques de votre maison à une prise de terre ou encore planter des arbres entre votre maison et la ligne. Ces derniers agiront comme conducteur électrique autant que comme prise de terre et sauront ainsi vous protéger efficacement. En ce qui a trait au four à micro-ondes, suivez les recommandations habituelles en évitant de vous poster devant lui en attendant que vos aliments soient prêts. Cette recommandation est d'autant plus valable si vous êtes enceinte. Par ailleurs, sachez que cet instrument détruit l'énergie bioélectrique des aliments qui y séjournent. Aussi, tâchez de l'utiliser avec parcimonie, et de voir à compléter votre alimentation par des aliments frais, crus, qui n'ont subi aucune transformation.

Ne négligez pas non plus l'impact que peut avoir sur vous l'électricité statique. Il est facile de savoir si la maison en regorge: on prend des chocs désagréables à tout moment et les vêtements collent ensemble au sortir de la sécheuse. Souvent, la sécheresse de nos maisons surchauffées est reliée pour une bonne part à ce phénomène. Aussi, assurons-nous d'aérer souvent notre maison, veillons à ce qu'elle respire et faisons bon usage des humidificateurs que le marché nous offre. Puis, évitons l'utilisation des moquettes qui sont d'excellents conducteurs d'électricité statique, en plus d'être mauvais pour la santé à plusieurs égards. Privilégions tout au moins les fibres naturelles ou, encore mieux, le bois. C'est toute la maisonnée qui s'en sentira mieux.

Ce choix naturel est d'ailleurs tout aussi indiqué en matière de vêtements. La laine, le lin et le coton, par exemple, ne créent pas d'électricité statique et le corps y respire de toute façon beaucoup mieux.

Puisqu'il est ici question des ondes qui peuvent nous être néfastes, il est tout à fait approprié d'aborder aussi le thème des salons de bronzage. La machinerie utilisée dans ces salons pour nous faire gagner un teint bronzé en quelques minutes produit un rayonnement d'ondes qui peut être très dangereux pour la santé. Les dermatologues sont unanimes sur la question: il nous faut à tout prix éviter ce genre d'endroits qui peuvent être à l'origine de cancers de la peau. Sans que nous fassions quoi que ce soit, nous sommes envahis d'ondes, partout dans nos maisons et dans nos bureaux; pourquoi en ajouter? Toute forme de désintoxication devrait d'abord passer par une prise de conscience à ce chapitre et par l'adoption de comportements plus prudents.

Chapitre 7

HYGIÈNE DE VIE

La désintoxication est, en quelque sorte, une manière de corriger les erreurs et les abus en tout genre dont notre organisme pâtit. Il est déjà très bien d'être suffisamment conscient de son corps et de sa santé pour s'intéresser à la désintoxication. Il est vrai qu'en passant par cette voie, on peut, tout en nettoyant l'organisme, lui permettre de se refaire une santé avant que la véritable maladie se pointe.

Mais la désintoxication doit être vue comme une sorte de moyen d'urgence que l'on utilise lorsque, déjà, une bonne part du mal est faite. S'il est bien d'intervenir à ce stade, il est encore préférable de se prendre en main avant: autrement dit, il faut prévenir l'intoxication. Comme je l'ai expliqué dans un chapitre précédent, l'intoxication de notre corps provient de deux types de déchets: ceux qui se forment et se transforment au sein même de l'organisme sans avoir besoin d'un coup de pouce de l'extérieur; et ceux qui, justement, sont le fruit d'apports négatifs provenant de l'extérieur.

À ce dernier chapitre, nous avons le pouvoir d'intervenir. Nous avons le pouvoir de minimiser ces quantités phénoménales de produits chimiques et autres que nous laissons envahir notre corps. Nous avons le pouvoir de choisir l'air que nous respirons; nous avons le pouvoir de cesser de fumer, de limiter notre consommation d'alcool et de café; nous avons aussi le pouvoir de nous tourner vers des produits naturels, vers des aliments biologiques. Bien sûr, une certaine volonté est nécessaire pour décider d'adopter un nouveau mode de vie, mais les efforts que nous nous demandons alors nous seront rendus au centuple.

La santé n'a pas de prix; aussi, elle est très précaire. Si nous n'en prenons pas soin, notre vie peut rapidement devenir un cauchemar. En revanche, si nous en prenons bien soin, il y a de bonnes chances que la vie nous sourie; que nous vivions mieux et plus longtemps. C'est une question de choix. Mais déjà en lisant ce livre, vous avez fait un choix santé. En ayant à cœur de désintoxiquer votre corps, vous êtes sur la bonne voie. Pensez aussi à éviter de l'intoxiquer et vous aiderez drôlement votre cause…

DE L'OXYGÈNE!

Vous êtes-vous déjà interrogé sur le lieu où vous habitez? Vous êtes-vous déjà demandé ce que vous respiriez le matin, en sortant de chez vous?

Si vous habitez en ville, la qualité de l'air que vous respirez n'est certes pas la meilleure à laquelle votre santé puisse aspirer. Évidemment, il y a tout de même des différences notoires sur le plan de la qualité de l'air entre chaque grande ville; le taux de pollution n'est certes pas aussi élevé à Montréal ou à Québec qu'il l'est à Mexico ou à Hong-Kong. Mais ce n'est pas parce que nous n'en sommes pas encore à porter des masques à oxygène, comme le font certains habitants de ces villes, que nous respirons pour autant un air satisfaisant. Il n'y a aucun doute là-dessus; nos villes nous intoxiquent un peu plus chaque jour.

Individuellement, collectivement, socialement, nous avons à ce chapitre des remises en question à faire et des décisions à prendre. Le problème est mondial; notre santé est menacée, comme l'est la planète toute entière. Tous nos choix quotidiens ont un impact réel. Il faut cesser de croire que nos choix individuels importent peu pour le reste du monde, qu'ils ne pèsent pas dans la balance. C'est faux. Ce sont les individus qui forment les collectivités. Ainsi, les gestes que nous faisons pour nous-mêmes revêtent un intérêt social.

Si vous demeurez en ville, demandez-vous comment vous pourriez participer à minimiser votre intoxication et celle des autres. Prenez-vous votre voiture seul tous les matins? N'avez-vous jamais pensé à faire du covoiturage? Vous pourriez de la sorte réduire la pollution occasionnée par deux voitures à celle d'une seule! Peut-être pourriez-vous vous rendre au boulot à pied ou à bicyclette. Au lieu d'ajouter à la pollution, qui se traduira bientôt par des toxines dans votre organisme et celui des autres, vous participerez encore à sa réduction, en plus de favoriser l'expulsion des toxines que vous portez en vous. Vous pouvez aussi vous poser la question suivante: après tout, suis-je vraiment obligé de vivre en ville?

Nous croyons souvent à tort que les campagnes sont bien loin des villes et donc inaccessibles à quiconque doit passer une bonne partie de la semaine en milieu urbain pour gagner sa vie. Pourtant, il existe encore de nombreux havres de paix à une demi-heure de votre lieu de travail. S'y établir constitue un net avantage du point de vue de la santé. L'air que l'on y respire est beaucoup moins pollué de substances toxiques en tout genre. Et l'on peut même cultiver un petit lopin de terre pour produire soi-même les légumes que l'on consomme à longueur d'année.

Si vous ne vous sentez pas prêt à quitter la ville pour la campagne, cherchez au moins à profiter de ses vertus le plus souvent possible. Escaladez les montagnes qui entourent la ville, marchez dans les bois, remplissez vos poumons d'air frais, oxygénez-vous à souhait. Encore une fois, au lieu de favoriser l'intoxication, vous ouvrirez la porte à la désintoxication.

Bien entendu, si vous êtes un fumeur invétéré, chaque cigarette que vous fumez vient augmenter considérablement, dangereusement même, le niveau d'agents toxiques qui habitent votre organisme. Chaque cigarette contient quelque 4 000 substances toxiques; pourrait-on oublier un nombre aussi astronomique? Avant d'allumer votre prochaine clope, rappelez-vous-le. Cette réalité n'est cependant pas toujours suffisante pour nous convaincre d'arrêter. Souvent, les fumeurs ont besoin d'un coup de pouce extérieur pour mettre un terme à leur mauvaise habitude. Ainsi, si vous n'y arrivez pas seul, ne désespérez pas et recherchez plutôt de l'aide. Quantité de méthodes peuvent vous soutenir dans ce sens. Vous en trouverez certainement une dans le lot qui répondra à votre personnalité. Les hôpitaux et les CLSC, notamment, proposent différentes techniques et cliniques; il existe aussi des coffrets, des cassettes, enfin toute une panoplie d'outils. N'hésitez pas à vous informer, à les utiliser.

La cigarette vous intoxique terriblement, et ce, à l'aide de substances chimiques extrêmement puissantes, notamment l'arsenic! Votre organisme vous sera extrêmement reconnaissant de cesser de lui injecter plusieurs fois par jour ces poisons. Et tous ces efforts faits en d'autres moments pour éviter l'intoxication trouveront alors davantage de sens, auront davantage d'impact.

ALCOOL ET CAFÉ

Vous êtes-vous, par ailleurs, déjà interrogé sur votre consommation d'alcool? Pas besoin d'avoir de gros problèmes sur ce plan, d'être carrément alcoolique, pour subir les méfaits de l'alcool. Notre société nous fait considérer comme normale une consommation qui est pourtant bien excessive. Et de pareils abus ne peuvent faire autrement que de nous intoxiquer. Ainsi, nous avons tout avantage à revoir notre rapport à l'alcool. Qu'il soit objet de plaisirs au moment de fêtes, d'événements, là n'est pas le problème. C'est plutôt sa présence quotidienne qui est inquiétante et dommageable, surtout si vous êtes friand d'alcools forts.

Le vin bénéficie d'une certaine marge de manœuvre, d'un peu plus de souplesse que les autres formes d'alcool. S'il est consommé de façon équilibrée, à l'abri des excès, il peut s'avérer un outil efficace pour combattre les maladies cardiovasculaires en raison des bioflavonoïdes qu'il contient; c'est du moins ce que des études scientifiques ont démontré. D'autres croient du reste qu'il pourrait se montrer utile aussi pour traiter ou prévenir nombre d'autres maladies. Ce sont là des croyances qui tendent à gagner de plus en plus de terrain. Si vous avez envie d'y adhérer, rappelez-vous seulement qu'en excès, aucune forme d'alcool ne peut être d'un grand secours. La modération, c'est une question de santé; à bien des chapitres d'ailleurs.

Par ailleurs, tout ce café que nous ingurgitons chaque matin sans nous en soucier compte parmi toutes ces drogues avec lesquelles nous sommes aux prises. Encore ici, en quantité raisonnable et limitée, le café peut présenter de bons côtés. Notamment, il favoriserait la mémoire et la concentration. Mais il nous intoxique aussi; lorsque nous n'arrivons plus à commencer la journée sans lui, c'est que nous sommes intoxiqués, de la même manière qu'un fumeur ayant la meilleure volonté du monde n'arrive pas toujours à écraser.

Si vous avez la santé en tête, réduisez votre consommation de café. Pour vous y aider, remplacez-le par des tisanes. Il y en a pour tous les goûts et pour toutes les heures du jour. Certains pensent à tort que les tisanes sont toutes soporifiques, c'est-à-dire qu'elles entraînent le sommeil. C'est le cas pour quelques-unes d'entre elles, c'est vrai, mais quantité d'autres présentent diverses vertus, comme nous l'avons vu préalablement.

NATUREL!

Si vous êtes atteint d'une maladie chronique, comme le diabète ou une maladie du cœur, vous êtes déjà sans aucun doute pris au piège de la médication. Tous les jours, vous devez désormais prendre vos nombreux médicaments, et ce, jusqu'à la fin de vos jours. Il ne sert à rien de vous culpabiliser en vous disant que si vous aviez pris votre santé en main plus tôt, vous n'en seriez pas là aujourd'hui. Vous le savez déjà et le regrettez sans doute suffisamment pour qu'on ne tourne pas le fer dans la plaie. Mais votre expérience peut servir aux autres, ceux qui ont encore la chance de s'éviter ce joyeux esclavage qui vous permet de vous garder en vie, de traiter votre maladie, mais qui vous empoisonne allègrement.

Si vous devez traiter plusieurs maladies en même temps, comme c'est malheureusement bien souvent le cas, le cocktail que vous êtes obligé d'avaler quotidiennement augmente encore la toxicité de ces petites dragées colorées et la confusion de votre organisme. Pour amoindrir les effets de toute cette chimie qui vous habite, vous avez sans doute plus que quiconque intérêt à trouver des voies saines de désintoxication aussi bien que de mode de vie. Plus que quiconque, vous devriez chercher à avoir un mode de vie le plus près de la nature possible. De cette manière, vous réussirez à compenser le tort causé par les médicaments que vous devez prendre. De toute façon, ne l'oubliez pas: ces médicaments que vous prenez jour après jour ne vous guériront jamais; ils ne font que faire taire des symptômes, mais ne changent en rien l'état réel des choses.

Seuls des changements profonds au niveau du respect des lois fondamentales de la vie peuvent laisser poindre l'espoir de recouvrer véritablement la santé.

Si vous n'en êtes pas rendu là, n'avez-vous pas envie d'apprendre des erreurs des autres? Sommes-nous vraiment toujours obligés de nous heurter aux difficultés, à la douleur, à la maladie? Sommes-nous toujours obligés de frapper notre Waterloo avant de consentir à changer? Notre environnement nous donne déjà tellement d'occasions de nous intoxiquer à souhait, contre notre gré, pourquoi surcharger encore et encore notre organisme alors que la nature nous offre mille et une options tellement efficaces de nous y soustraire?

ÊTRE ET VIVRE EN SANTÉ

Depuis la nuit des temps, les hommes ont toujours fait appel à la nature pour se soigner ou simplement pour conserver la santé. Ces millions de gens répartis sur toute la planète auraient-ils tous eu tort, durant tout ce temps?

Ajoutez à vos résolutions santé et naturelles un bon programme d'exercice physique et vous favoriserez d'autant votre désintoxication. L'exercice physique constitue une pratique inestimable pour le bien-être général, cela ne fait aucun doute. Une des raisons parmi d'autres qui rend l'exercice physique particulièrement intéressant du point de vue de la santé, c'est qu'il s'agit d'un draineur naturel non négligeable. La transpiration qui apparaît lorsque l'on s'active suffisamment physiquement entraîne avec elle son lot de déchets que l'immobilisme laisse au contraire s'accumuler. La sédentarité est donc à éviter à tout prix; car en laissant place aux toxines, elle ouvre la porte à de nombreuses maladies.

Tout se tient, tout est un ensemble interrelié. Il en va de même du corps et de l'esprit. Ainsi, que vous accordiez de l'importance à votre corps, cela constitue déjà un bon début. Mais votre être ne s'arrête pas là. Vous avez aussi un esprit, une âme dont vous devez prendre soin pour aspirer à une bonne santé globale. Un corps malade entraîne des répercussions indéniables sur le plan psychique de la même manière qu'un esprit torturé finit par transmettre au corps ses douleurs. Alors, oui, désintoxiquez votre organisme, mais cherchez aussi à en faire de même sur le plan de votre esprit.

Comment faire

D'abord, tentez de contrôler le stress qui vous accable. Ce sera déjà un magnifique commencement. Le stress est un bon exemple de la manière dont l'esprit intervient directement sur le corps. Lorsque le premier s'énerve, s'inquiète, angoisse, panique, le corps lui répond instantanément. Il se met à trembler, à avoir des palpitations, à suer, etc. Ces effets notables du stress agissent aussi bien plus en profondeur encore; ils laissent des séquelles beaucoup moins visibles mais tout aussi importantes, sinon plus encore.

Le stress est reconnu comme étant à l'origine d'une quantité de maladies. Ainsi, apprendre à le gérer, puisqu'on ne pourra jamais s'en départir complètement, est essentiel à quiconque souhaite vivre en santé. Les manières de le combattre sont nombreuses; dans le lot, vous en trouverez certainement une ou quelques-unes qui vous plairont. Ces méthodes vous aident à compléter la désintoxication entreprise au niveau du corps en vous mettant dans un état d'esprit plus serein. Parmi celles-ci, on peut compter sur la méditation, la relaxation, la respiration profonde, le yoga, etc. Ces techniques vous permettront à leur façon de garder le cap dans le brouhaha qui est notre lot quotidien d'hommes et de femmes vivant en ce début de IIIe millénaire. Elles vous offrent toutes des moments d'arrêt pour vous retrouver seul avec vous-même, dans le calme et la sérénité.

On ne peut tenir éternellement le rythme de la course folle qu'on nous demande de vivre sans y laisser un peu, beaucoup, de sa santé. Encore là, individuellement et collectivement, nous avons de sérieuses questions à nous poser. Est-ce vraiment ainsi que nous voulons vivre? Vivons-nous en accord avec nos valeurs profondes? Quelles sont-elles, ces valeurs qui nous gouvernent?

Si nous vivons continuellement à côté de nos pompes, en désaccord avec notre réalité profonde, tôt ou tard une bombe nous éclatera au visage. La désintoxication de l'esprit, de l'âme, passe donc par un retour à soi, dans une dimension qui nous ressemble.

C'est dans ce contexte qu'il faut également apprendre à dire non, à poser nos limites et à les respecter. Il est tout aussi impératif, pour pouvoir bénéficier d'une santé globale, d'arriver à se défaire du négativisme qui nous étreint trop souvent. Nos pensées ont un impact sur notre corps, mais aussi sur notre devenir. Lorsque nous avons tendance à être négatif, le négatif a tendance à s'accrocher à nous. En changeant notre fusil d'épaule et en adoptant des attitudes plus positives, c'est ce que nous attirerons dans tous les domaines de notre vie.

Désintoxiquez-vous de vos idées noires, de votre défaitisme et faites un saut du côté de l'espérance, de la confiance, de la joie. C'est de ce côté que se trouve la santé véritable. Libérez-vous aussi des personnes qui vous intoxiquent par leur négativisme; n'acceptez plus de leur laisser le loisir de saborder votre énergie. Ne vous accrochez pas au passé et à ses douleurs qui risqueraient de vous transmettre des maux bien réels. Allez de l'avant, acceptez le changement et l'évolution de la vie. Ne vous enlisez pas dans des situations qui ne vous satisfont pas et rappelez-vous que chacun est libre de choisir sa destinée, que chacun en est maître et personne d'autre. Prenez du temps pour vous; pour soigner votre corps, votre esprit; pour retrouver un sain équilibre. C'est par là que passe la santé, inévitablement. En ne soignant que le corps et en laissant tous les autres aspects de sa vie en plan, on ne peut espérer atteindre un bien-être global.

Conclusion

UNE AFFAIRE DE CORPS ET D'ESPRIT

Notre corps est une machine puissante et incroyable qui sait faire seule un grand bout de chemin. Tous les mécanismes internes qui nous permettent de vivre fonctionnent indépendamment de notre intervention, de notre conscience même. Notre cœur bat sans que nous ayons à faire le moindre effort, nos poumons respirent sans que, bien souvent, nous nous en apercevions. L'activité au niveau de notre foie et de nos reins est tout aussi intense et importante; pourtant, nous n'en avons nullement conscience. Sauf lorsque le mécanisme en question commence à faire des siennes.

C'est là, et là seulement que la plupart d'entre nous se rendent compte de l'importance et de la complexité de leur corps et de leur santé, une fois qu'elle est menacée, une fois que la douleur se manifeste, que les problèmes sont nettement visibles ou ressentis. Mais lorsque ceux-ci deviennent apparents, il y a déjà longtemps qu'ils ont fait leur nid.

Bien sûr, et heureusement, il n'est pas toujours trop tard pour intervenir.

Mais parfois, si. C'est pour cette raison qu'il faut prendre notre santé en main au plus tôt. Si nous le faisons alors que nous sommes bien, nous courons la chance de le demeurer encore longtemps. De plus, lorsque les symptômes apparaissent, nous avons nettement avantage à les prendre pour ce qu'ils sont: des indices annonçant un mal sous-jacent plus important. Trop d'entre nous sont portés à minimiser ces manifestations en tous genres ou à les ignorer en se disant que «ça passera comme c'est venu». Peut-être effectivement que cela passera; mais peut-être aussi que cela se transformera en d'autres choses de plus sérieux.

Il faut donc apprendre à écouter notre corps, à chercher à comprendre ce qu'il nous dit. En ayant appris à connaître le monde des toxines, vous serez désormais plus enclin à comprendre ce que votre corps vous dit en de maintes occasions. Il ne s'agit pas de croire que tous les maux proviennent de là, mais il arrive souvent que l'on puisse éviter bien des maladies en évacuant du corps les toxines qui l'encombrent.

Vous avez maintenant en main de multiples options à tenter. Elles sont toutes plus naturelles les unes que les autres, faciles d'accès et presque toutes praticables à la maison. Il ne vous en coûte rien, ou presque, de les essayer. Si certaines méthodes vous apparaissent plus exigeantes, ne les choisissez pas dès le départ et commencez là où le cœur vous en dit. Déjà un changement sur le plan de l'alimentation, pour la rendre plus naturelle, moins chimique, aura sur vous des effets notables, surtout si vous étiez plutôt éloigné d'une telle nutrition. Pourquoi ne pas simplement débuter par cette voie? En fait, avant même de penser à vous désintoxiquer, pensez plutôt à éviter de vous intoxiquer encore davantage chaque jour. Délivrez-vous autant que possible de toutes ces drogues que sont le café, la cigarette, l'alcool, etc. Remplacez-les par des tisanes aux propriétés diverses.

Puis, progressivement, entrez un peu plus directement dans la désintoxication véritable. Commencez par utiliser l'exercice physique, le sauna, les bains chauds. Ce sont là des méthodes simples et efficaces dont vous n'avez aucune raison d'avoir peur. À ce stade, vous aurez déjà constaté une amélioration de votre santé générale et ces répercussions positives vous donneront sans doute envie de pousser un peu plus loin l'entreprise. Ce sera peut-être le moment pour vous d'ajouter quelques comprimés de plantes médicinales à vos habitudes quotidiennes, d'essayer une cure de fruits ou un cataplasme sur une petite région du corps. Puis, enfin, peut-être déciderez-vous d'entreprendre un jeûne d'une journée.

Il n'y a pas de plan de match idéal. Chacun est libre de se fabriquer le sien propre en respectant son rythme et ses besoins. Tout cela peut s'échelonner sur un an si vous le désirez. Il s'agit véritablement d'habitudes de vie à prendre. Il n'est pas toujours facile de s'y engager, mais une fois qu'on y a goûté et qu'on a pu vérifier de son propre chef les bienfaits extraordinaires de pareilles pratiques, on peut difficilement s'en passer. Lorsque l'on traîne de désagréables symptômes depuis des lustres et qu'on les voit fondre comme neige au soleil par des pratiques aussi simples, on est bien obligé de se rendre à l'évidence. Mais, il est important de le rappeler, il est inutile d'attendre les symptômes pour faire appel à la désintoxication. Le monde dans lequel nous vivons nous intoxique assurément jour après jour. Aussi, sans le savoir vraiment, nous portons tous en nous notre lot de déchets qui ne demandent qu'à se retirer. Donnons-leur simplement un coup de pouce, facilitons la tâche à notre corps et il nous le rendra par bien des années de loyaux services.

TABLE DES MATIÈRES

INTRODUCTION
Écouter et comprendre son corps 7
Le savoir et la pratique 11
D'hier à aujourd'hui 12

CHAPITRE 1
Ces déchets qui nous habitent... 15
Les grandes familles de déchets 21
Par où passent les déchets 23
Circulants ou non circulants 24
Le corps, ce purificateur intégré 25

CHAPITRE 2
Le drainage 29
Intensité et durée du drainage 32
Drainer l'intestin 34
  Modifier son régime alimentaire 37
  Des « plus » 38
  Le lavement intestinal 39
  Les draineurs intestinaux naturels 43
  Les laxatifs et les purgatifs salins 45
Drainer le foie et la vésicule biliaire 45
Drainer les reins 49
La peau 55
  Les draineurs de la peau 56
  Soleil, alimentation et plantes 58
Les poumons 61
  Drainer les poumons 61
Les oreilles 65
  Drainer les oreilles 65

CHAPITRE 3
Le désincrustage 67
Le jeûne 71
Faire un jeûne 72
La durée du jeûne 74
À la fin du jeûne 76
Régimes et diètes 78
Quelques régimes 79
Quelques régimes à un seul aliment 84
Le cataplasme d'argile 88
La cure à l'argile 91
Le cataplasme de chou 92
La balnéothérapie 94
La cure d'eau 97
L'activité physique exigeante 99

CHAPITRE 4
Alimentation désintoxiquante 101
Choisir et juger 106
Choisir le miel au lieu du sucre raffiné 107
Les aliments particulièrement désintoxiquants . 108

CHAPITRE 5
Le chardon-Marie 113

CHAPITRE 6
Les ondes 119
Prudence! 125

CHAPITRE 7
Hygiène de vie 129
De l'oxygène! 132
Alcool et café 136
Naturel! 137
Être et vivre en santé 139
  Comment faire 140

CONCLUSION
Une affaire de corps et d'esprit 145

IMPRIMÉ AU CANADA